신앙의 본질을 찾아가는 여정

한 신앙인의 삶을 바라보며

이 원고를 읽으면서 저는 설교를 준비하는 목회자와 교수의 마음이 아니라 한 사람의 신앙을 조용히 지켜보는 동역자의 마음이 더 많이 들었다. 필자는 저자와는 오랫동안 관계를 맺어온 동역자다. 이 글은 무언가를 가르치려는 글이 아니라 스스로를 숨기지 않고 하나님 앞에서 보려는 저자의 진심이 담겨 있었기 때문이다. 그래서 이 글은 읽는 이를 설득하기보다 함께 침묵하게 만들고 함께 고개를 숙이게 만든다.

이 글의 흐름에는 특별한 기술이나 화려한 표현이 없다. 대신 오래 신앙생활을 해 온 사람이라면 누구나 한 번쯤 지나왔을 마음의 결들이 차분히 스며 있다. 더 잘 믿고 싶었던 열심 더 인정받고 싶었던 마음 그 과정 속에서 조금씩 무거워진 신앙의 옷들 그리고 어느 순간부터는 하나님 앞에서조차 괜찮은 사람으로 서고 싶었던 자기 자신에 대한 솔직한 고백이 담겨 있다.

　목회자로서 이 글이 지닌 가장 큰 힘이 '정직함'이라고 느낀다. 신앙을 설명하지 않고 신앙을 증명하려 하지 않으며, 그저 신앙 안에서 흔들리고 머뭇거렸던 자신의 모습을 숨기지 않았다. 그래서 이 글은 잘 믿는 사람의 이야기라기보다, 끝까지 믿고 싶어 했던 사람의 이야기처럼 다가옵니다. 그 차이가 이 글을 특별하게 만든다.

　이 글을 읽다 보면 자연스럽게 이런 생각이 든다. 우리는 언제부터 신앙을 관계가 아니라 역할로 살기 시작했는지 언제부터 하나님보다 사람의 시선을 더 의식하며 기도하고 섬기기 시작했는지, 그리고 그 모든 과정 속에서 정작 자기 마음은 얼마나 오래 방치해 두었는지 말이다. 저자는 이런 질문들을 독자에게 던지기보다, 먼저 자기 자신에게 던진다. 그래서 그 질문이 더욱 깊게 와 닿는다.

　무엇보다 이 글은 신앙의 목표를 바꾸어 놓는다. 더 잘 보이는 신앙 더 인정받는 신앙이 아니라 더 숨지 않는 신앙으로 더 많은 말을 하는 신앙이 아니라 더 오래 머무는 신앙으로 더 열심히 증명하는 신앙이 아니라 더 솔직하게 맡기는 신앙으로 우리를 이끈다. 그 방향이야말로 필자가 목회 현장에서 가장 많이 그리워하던 신앙의 모습이다.

이 책을 강력히 추천하며, 필자는 독자들에게 무언가를 얻으라고 말하고 싶지 않다. 오히려 조금 내려놓고 조금 느려지고 조금 덜 꾸민 채로 하나님 앞에 서 보기를 권하고 싶다. 이 글은 우리를 더 대단한 신앙인으로 만들지는 않을 것이다. 그러나 더 참된 신앙인으로 돌아가게 하는 힘은 분명히 가지고 있다. 목회자로서 그리고 한 신앙인으로서 이 글을 기쁜 마음으로 강력 추천한다.

최 선(崔 宣) 박사(Ph. D., Th. D.)
세계로부천교회 당회장
시인, 수필가, 칼럼니스트
SBCM KOREA 대표
OCU대학교 겸임교수
〈절망의 끝자락에서〉 외 21권

고백의 자리에 함께 앉아

이 원고를 처음 읽었을 때, 추천서를 써 달라는 부탁을 받았다는 사실보다 먼저 떠오른 생각은 내가 지금 어떤 책을 읽고 있는 것이 아니라 한 사역자의 이야기를 조용히 듣고 있다는 느낌이었다. 신앙에 대해 무엇을 배우거나 정리해야 할 시간이라기보다는 누군가가 자기 삶의 가장 솔직한 부분을 꺼내 놓는 자리에 우연히 함께 앉아 있는 듯한 시간이었다.

이 글의 저자는 자신을 특별한 신앙인처럼 보이게 만들려 하지 않는다. 오히려 오랜 시간 신앙생활을 하면서 자연스럽게 몸에 밴 말투와 태도, 기도하는 방식과 섬기는 모습이 과연 하나님 앞에서도 그대로일 수 있는지를 스스로에게 묻고 있다. 그 질문은 누군가를 향한 비판이 아니라 자기 자신을 향한 것이고, 그래서 날카롭기보다는 담담하다. 공격적이기보다는 어딘가 쓸쓸할 만큼 솔직하게 느껴진다. 읽는 동안 이 글이 나를 설득하거나 몰아세운다는 느낌보다 나도 모르게 내 이야기를 떠올리게 만든다는 인상이 더 강했다.

저자는 공동체 안에서 '괜찮은 신앙인'으로 살아오기 위해 오랫동안 다듬어 왔던 많은 모습들이 사실은 믿음이 자란 결과라기보다 상처받지 않기 위해 만들어 낸 보호막이었을지도 모른다고 말한다. 하나님께 더 가까이 가기 위해 선택한 것이라고 믿었던 언어와 태도, 기도와 헌신의 방식들 가운데에는 실은 사람들 사이에서 흔들리지 않기 위해 굳어진 것들도 있었다는 사실을 숨기지 않았다. 그 이야기를 풀어놓는 방식에는 변명도 없고, 자신을 정당화하려는 설명도 없다. 그저 "나도 그랬다" 는 말이 조용히 놓여 있을 뿐이다.

이 글을 읽으며 가장 인상 깊었던 점은, 저자가 무엇을 해야 한다고 말하지 않는다는 것이다. 더 열심히 믿어야 한다거나 더 바르게 살아야 한다는 식의 결론은 끝까지 나오지 않았다. 대신 그는 이제는 조금 쉬고 싶다고, 하나님 앞에서만큼은 더 이상 연기하지 않고 서고 싶다고 말한다. 그 말은 누군가를 가르치기 위한 글이라기보다는 오래 혼잣말처럼 마음속에 쌓아 두었던 고백을 꺼내 놓는 느낌이 들었다.

그래서 이 책은 신앙에 대해 잘 정리된 설명을 기대하는 사람보다 누군가의 솔직한 이야기를 조용히 들으며 자기 마음을 돌아보고 싶은 사람에게 더 잘 어울리는 책이라고 느껴진다. 읽고 나서 무엇을 결심하게 만들기보다 지금까지 너무 쉽게 지나쳐 왔던 자기 신앙의 얼굴을 한 번쯤 천천히 바라보게 하는 글이다. 특별한 교훈을 남기지는 않지만, 책을 덮은 뒤에도 한동안 마음 한쪽에 조용히 남아 있는 말들이 있다. 그런 의미에서 이 글은 누군가를 앞에서 이끄는 책이라기보다, 옆에서 함께 걸어 주는 글이라는 생각이 들었고, 바로 그 이유 때문에 이 책을 기쁜 마음으로 강력히 추천한다.

신석범 박사(Ph. D.)
아름다운은혜교회 담임
칼빈대학교 교수(구약학)

가면을 벗은 자리에서 시작되는 신앙

기독교 역사에 자신을 돌아보는 고백이 많이 있다. 어거스틴은 하나님 안에서 자신을 되돌아보며 『고백록』을 기록했고, 클레르보의 버나드는 수도원 지도자로서 교만과 명예욕을 자신의 서신과 설교에 담아냈고, 톨스토이는 성공, 명예와 부에서도 만족을 얻지 못해 『나의 고백』을 통해 인생의 의미를 찾아갔다.

이 책은 또 하나의 고백록이다. 그것은 신앙생활에 대한 고백이다. 저자 자신이 언제부터인가 신앙을 하나님께 나아가는 통로가 아니라 자신을 지키는 가면으로 사용해 왔음을 고백한다. 우리는 하나님을 섬긴다고 믿다가 결국 '자기 자신의 거룩한 모습'을 섬기게 된 바리새인이 되어 버린 것이다.

저자는 묵직한 질문을 던지고 그 질문 앞에 오래 머물며 현대 그리스도인의 신앙 안에 깊이 스며든 '종교적 자아'를 스스로 자각하고 드러내도록 해 준다. 예로, 신앙의 언어를 사용할 때 "하나님의 뜻입니다", "믿음으로 이깁니다" 등의 정제된 종교적 언어를 사용하므로 질문을 멈추게 하고, 고통을 덮어 버리는 역할을 하게 한다. 오히려 "잘 모르겠습니다", "지칩니다", "두렵습니다"라는 말들이 하나님 앞에서 가장 인간다운 기도가 되게 한다. 이러한 언어의 변화는 신앙의 수준을 낮추는 것이 아니라 신앙을 제자리로 되돌려 놓는 것이 된다고 저자는 말한다.

일반적인 자기 분석서는 차갑게 느껴지지만, 이 책은 더 많은 결단이나 실천을 요구하지 않는다. 오랫동안 '괜찮은 신앙인'으로 버텨 온 이들에게 하나님 앞에서조차 더 이상 자신을 증명하지 않아도 되는 자리로 내려와도 괜찮다고 말해 준다.

그래서 『신앙의 본질을 찾아가는 여정』은 더 나은 신앙의 모습을 요구하거나 재촉하는 책이 아니라 신앙을 지키느라 굳어 있던 마음의 긴장을 풀어 주는 책이다. 무엇을 더 해야 하는가를 묻기보다, 무엇을 내려놓아도 되는가를 조심스럽게 묻는다. 신앙의 회복은 무언가를 더 쌓는 데서가 아니라 가면을 벗고 하나님 앞에 그대로 서는 자리에서 비로소 시작된다. 이 책이 많은 이들에게 그 자리로 내려올 수 있는 용기를 건네주기를 바라며 기쁜 마음으로 추천한다.

장명수 박사(연세대 Ph. D.)
협성대학교 객원교수
상도교회 담임목사

신앙의 본질을 찾아서

　신앙은 본래 우리를 하나님 앞으로 인도하는 투명한 통로여야 합니다. 믿음은 삶을 환히 밝히고 사람을 자유롭게 하며, 우리 안에 감춰진 진실을 드러내는 생명력이 있다고 믿기 때문입니다. 하지만 지금 이 모습 그대로의 자리에서 저의 신앙을 정직하게 고백합니다. 시간이 흐를수록 신앙의 부족함을 드러내기보다 오히려 자신을 교묘하게 숨기는 '보호 장치'가 되어갔음을 부인할 수 없습니다.

　때로는 잘 정제된 종교적 언어가 하나님 앞에 서 있는 저의 본모습을 설명하기보다 감추어버리는 두꺼운 가면이 되기도 했습니다. 공동체 안에서 인정받기 위해 다듬었던 기도하는 눈빛이나 섬기는 손길은 어쩌면 신앙 안에서 사랑받고 싶어 선택한 저만의 간절한 생존 전략이었을지도 모릅니다. 저는 이 책을 쓰며 스스로에게 끊임없이 물었습니다. "나는 내가 만든 신앙의 성벽 뒤에 숨어 있는가, 아니면 하나님과 진실하게 마주하고 있는가?"

이 책은 누군가를 질책하거나 신앙의 성적표를 매기기 위해 쓰여진 것이 아닙니다. 오히려 저의 서툰 고백들을 거울삼아 우리 모두가 각자의 삶 속에서 자신을 따뜻하게 돌아보는 계기가 되기를 바라는 간절한 마음을 담았습니다. 혹여나 이 여정 중에 마주할 우리의 연약함이 있다면, 그것은 부끄러워할 대상이 아니라 하나님의 더 큰 사랑이 머물 자리가 될 것입니다.

신앙은 더 나은 인간이 되기 위해 자신을 포장하는 기술이 아닙니다. 오히려 하나님 앞에 서 있는 단 한 명의 정직한 단독자로 돌아오는 길입니다. 우리가 꾸며진 경건의 옷을 조금씩 내려놓고 정직하고 가난한 마음으로 그분 앞에 설 때, 우리는 비로소 놀라운 사실을 깨닫게 될 것입니다.

하나님은 우리의 완벽한 신앙을 원하신 것이 아니라, 가면 뒤에 숨어 떨고 있던 '우리 자신'을 그 누구보다 애타게 기다리고 계셨음을 말입니다. 이 책을 통해 여러분이 스스로를 새롭게 성찰하며, 나를 있는 그대로 환대하시는 하나님의 품 안에서 참된 안식과 기쁨을 누리시기를 소망합니다.

끝으로 졸저 『신앙의 본질을 찾아가는 여정』에 추천의 글로 함께해 주신 최 선 목사님, 신석범 목사님, 장명수 목사님께 깊은 감사를 드립니다. 이 글을 시작하게 하시고 끝까지 이끌어 주신 주님께 모든 감사와 영광을 올려드립니다.

자택 서재에서

文岩 염성철

차 례

Part 1
투명한 마음의 시작

먼저 우리 안의 '종교적 자아'를 직면하는 것에서
시작합니다.
우리는 관계 속에서 살아남기 위해 기도와 섬김, 말하는
방식까지 신앙적으로 보이도록 다듬어왔지만 이제는
연출된 경건과 작별하고 있는 그대로의 나를 만나야
합니다.

있는 그대로의 나를 만나기

종교적 자아는 어느 날 갑자기 생기지 않습니다. 신앙이 깊어질수록 사람은 자연스럽게 하나의 얼굴을 갖게됩니다. 교회를 다니면서 더 많은 믿음의 언어를 배우고, 더 많은 도덕적 규범을 익히며, 더 많은 역할을 맡게됩니다.

그 과정 속에서 사람은 자신도 모르게 '하나님을 믿는 나'라는 이미지를 만들어 갑니다. 이 이미지는 처음에는 신앙의 열매처럼 보입니다. 하지만 시간이 지나면서 점차 자신의 신앙을 유지하기 위한 보호막처럼 작동하기 시작합니다.

성경은 인간을 하나님 앞에 서는 존재라고 말합니다. 그러나 종교적 자아는 하나님 앞보다 사람들 앞에서 더 자주 만들어집니다. 기도하는 모습, 섬기는 태도, 말하는 방식, 감정을 조절하는 습관까지 모두 신앙적으로 보이도록 다듬어집니다. 이 모습은 위선을 의도해서 만들어진 경우보다, 관계 속에서 살아남기 위해 익힌 태도라고 볼 수 있습니다. 공동체 안에서 신앙인은 늘 어떤 모습을 기대 받고, 그 기대에 맞추어 자신을 조정하게 됩니다.

바리새인들은 스스로를 위선자라고 생각하지 않았습니다. 그들은 진심으로 하나님을 섬기고 있다고 믿었고, 실제로도 많은 부분에서 그렇게 살았을 것입니다. 예수님께서 문제 삼으신 것은 그들의 열심이 아니라 그 열심을 떠받치고 있던 얼굴이었습니다. 그들은 하나님을 향해 살고 있다고 생각했지만 동시에 사람들의 시선과 평가 속에서도 자신을 세우고 있었습니다. 신앙은 점점 하나님 앞에 서는 삶이 아니라 자신을 유지하는 방식으로 굳어 가고 있었습니다.

종교적 자아의 가장 큰 특징은 스스로를 잘 인식하지 못한다는 점입니다. 이 자아는 언제나 '믿음'이라는 말로 자신을 설명하고, '헌신'이라는 언어로 자신을 정리합니다. 그래서 쉽게 비판받지 않습니다. 오히려 칭찬받고, 신뢰받고, 본받아야 할 사람으로 여겨집니다. 그러나 마음 깊은 곳에는 '지금 서 있는 이 자리는 정말 하나님 앞인가, 아니면 신앙이라는 이미지 안인가'라는 질문이 남습니다.

예수님은 이렇게 말씀하셨습니다. "외식하는 서기관

들과 바리새인들이여 잔과 대접의 겉은 깨끗이 하되 그 안에는 탐욕과 방탕으로 가득하게 하는도다"(마 23:25). 이 말씀은 도덕성을 꾸짖는 말처럼 들리지만 실제로는 인간의 상태의 진단이라고 볼 수 있습니다. 겉은 신앙의 언어로 채워져 있지만 속은 여전히 자신을 지키려는 욕망으로 움직이고 있다는 뜻이기도 합니다. 하나님을 향해 살고 있다고 말하지만 삶의 중심에는 여전히 자신이 남아 있는 모습을 지적한 것입니다.

이 지점에서 질문이 바뀝니다. 무엇을 더 해야 하는가에서 무엇을 내려놓아야 하는가로 옮겨갑니다. 왜 이렇게 기도하는지, 왜 이런 말을 하고 있는지, 왜 이 자리에 서 있고 싶은지 스스로에게 묻게 됩니다. 그 질문을 따라가다 보면 어느 순간 말이 멈춥니다. 설명할 수 없는 침묵이 남습니다. 하나님을 향한 열심 속에, 여전히 나자신을 지키고 싶은 마음이 있었는지를 처음으로 보게 되기 때문입니다.

종교적 자아를 벗는 일은 퇴행이 아닙니다. 오히려 신앙이 처음으로 제자리를 찾는 순간이라고 보면 됩니다. 하나님 앞에서 자신을 증명할 필요가 없어지는 경험, 어떤 이미지도 없이 서 있는 시간입니다. 더 잘 보이기 위한 자리에서 더 이상 꾸미지 않아도 되는 자리로 내려오는 일입니다.

신앙을 유지하기 위해 써 왔던 얼굴을 하나씩 내려놓을 때, 사람은 처음으로 하나님 앞에 혼자 서게 됩니다. 그 순간 신앙은 자신을 증명하는 도구가 되지 않습니다. 자신을 드러내도 괜찮은 관계가 됩니다. 하나님 앞에서 괜찮은 사람이 되려고 애를 쓰지 않아도 됩니다. 그냥 있는 모습 그대로 서 있어도 됩니다.

그 자리가 종교적 자아를 마주한 이후에 도달하게 되는 자리입니다. 이는 신앙이 나를 가리는 얼굴이 아니라 나를 그대로 드러내는 빛이 되는 자리입니다.

꾸밈없는 경건으로 다가가기

열두 해 동안 혈루증을 앓던 여인이 군중 속으로 들어가 예수님 뒤를 따랐습니다. 이 여인은 사람들이 눈치채지 못하게 몰래 예수님의 옷자락에 손을 대려고 했습니다. 자신의 상황에 대해 말하고 싶지 않았고, 드러나고 싶지도 않았습니다. 그저 예수님께 닿고 싶었을 뿐이었습니다. 그러나 예수님은 걸음을 멈추시고 물으셨습니다. "누가 내게 손을 대었느냐"(막 5:30).

그때서야 여인은 앞으로 나와 자신이 누구인지, 어떤 상태인지, 왜 그 자리에 있었는지를 말했습니다. 숨어서 닿고 싶었던 이 여인은 결국 자신을 드러낸 뒤에야 진정한 몸과 마음의 치유를 경험하게 되었습니다.

사람은 본능적으로 자신을 드러내기보다 감추는 쪽을 택합니다. 사회 속에서 살아가기 위해 우리는 말투를 고르고, 표정을 조절하고, 감정을 관리합니다. 직장에서의 나, 가족 앞의 나, 친구들 사이의 나는 서로 조금씩 다릅니다. 이것은 의도된 거짓이라기보다 관계 속에서 살아가기 위해 자연스럽게 익힌 처세술에 가깝습니다.

엘리베이터 안에서 전화를 받을 때 우리는 자동으로 목소리를 바꿉니다. "네, 괜찮습니다." 통화를 끊고 나면 깊은 한숨이 나옵니다. 사실은 괜찮지 않았으나 괜찮은 사람처럼 말하는 데 이미 익숙해진 것입니다. 이런 장면이 반복되면 사람은 점점 자기감정보다 보여야 할 모습에 더 익숙해집니다.

신앙 안에서도 이런 습관은 그대로 이어집니다. 우리는 하나님 앞에 서 있다고 말하지만, 실제로는 사람들 앞에 서 있는 시간에 더 익숙합니다. 어떻게 기도해야 신앙적으로 들리는지, 어떤 말을 해야 믿음 있어 보이는지, 어떤 태도를 취할 때 흔들리지 않는 사람처럼 보이는지 눈치껏 배우게 됩니다. 그렇게 만들어진 신앙 이미지는 우리를 보호해 주지만 동시에 우리 자신을 숨기게 합니다.

바리새인들은 경건의 대명사와 같은 존재였습니다. 그들은 규칙적으로 기도했고, 금식했고, 헌신했고, 성경을 잘 알고 있었습니다. 그런데 예수님에게 자주 야단을 맞았습니다. 예수님이 문제 삼으신 것은 그들의 행동보다 그 행동이 자신을 유지하는 방식이었습니다. 그들은 하나님을 의식하며 살았지만 사람들의 시선도 함께 의식하고 있었습니다. 신앙은 삶이었지만 점점 하나의 이미지로 굳어졌습니다.

어느 신앙인이 이런 말을 했습니다. "늘 남을 위해 기도하는데, 정작 제 마음을 하나님께 어떻게 말해야 할지는 잘 모르겠습니다." 그는 공동체 안에서 믿음이 좋은 사람으로 알려져 있었고, 단단해 보였습니다. 그러나 혼자 기도하려고 하면 말이 잘 나오지 않았습니다. 감정을 솔직하게 드러내는 법을 잊어버렸기 때문입니다.

많은 사람이 솔직하게 기도해야 하는 것을 알고 있지만 그런 기도를 힘들어합니다. 감정을 억누르고 숨기고 살았기 때문입니다. 시편에 나오는 다윗의 솔직한 기도는 다윗이 하나님 앞에서 자기 연출을 하지 않았기 때문에 가능한 기도였습니다.

다윗은 하나님 앞에서 감정을 정리하지 않았습니다. 분노도 말했고, 두려움도 말했고, 억울함도 숨기지 않았습니다. 그의 기도에는 늘 정제되지 않은 언어가 남아 있습니다. 그 언어는 아름답기보다 솔직했고, 신학적이기 보다 인간적이었습니다. 다윗은 하나님 앞에서 괜찮은 사람으로 서려고 하지 않았습니다. 있는 모습 그대로 서 있었습니다.

신앙 이미지는 대부분 좋은 의도에서 시작됩니다. 무

너지지 않기 위해, 실망시키지 않기 위해, 흔들리지 않기 위해 만들어집니다. 그러나 그 이미지가 단단해질수록 사람은 점점 드러내는 일이 어려워집니다. 하나님 앞에서도 괜찮은 사람으로 보이고 싶기 때문입니다. 그러면 신앙은 만남보다 관리에 가까워집니다. 하나님은 위로자라기보다 내가 잘 믿고 있는지를 확인하는 존재처럼 느껴집니다.

혈루증 여인은 숨어서 예수님께 닿고 싶어 했으나 예수님은 그녀를 앞으로 나오게 하셨습니다. 치유는 손을 댄 순간이 아니라 자신을 드러낸 순간에 완성되었습니다. 숨지 않고, 꾸미지 않고, 있는 모습 그대로 서는 자리에서 회복이 시작되었습니다.

신앙 이미지를 벗는다는 것은 자기 연출을 멈추고 하나님 앞에 서는 연습입니다. 설명하지 않고, 정리하지 않고, 준비하지 않은 채 그냥 그대로 서는 것입니다.

가면이 벗겨진 자리에는 대답이 남지 않습니다. 대신 한 가지 감각이 남습니다. 하나님 앞에서조차 괜찮은 사람처럼 서지 않아도 된다는 안도감입니다. 신앙 이미지가 사라진 자리에서 사람은 하나님을 바라보는 것이 아니라 하나님께 바라보이고 있다는 느낌을 갖게 됩니다. 그리고 그 시선 앞에서 더 이상 연출할 필요가 없다는 사실이 자유처럼 다가옵니다.

　그리고 그 자유는 더 잘 믿기 위해 애쓰지 않아도 되는 평안으로 이어집니다. 하나님 앞에 서는 일은 증명이나 성취가 아닌 숨김없이 머무는 일임을 조금씩 배우게 됩니다.

가식은 거짓이 아니라 방어

　가식은 거짓말에서 시작되지 않습니다. 가식은 자신을 지키기 위한 태도에서 시작됩니다. 넘어지고 싶지 않은 마음, 들키고 싶지 않은 마음, 무너진 모습을 보이고 싶지 않은 마음, 사람은 누구나 그런 마음을 가지고 살아가며, 신앙이 깊어질수록 그 마음은 더 정교한 언어를 얻게 됩니다. 가식은 악한 연기가 아니라 두려움에서 나온 방어입니다. 문제는 그 방어가 하나님 앞에서도 계속 유지될 때입니다. 그때 신앙은 관계가 아니라 관리가 되고, 기도는 고백이 아니라 자기 설명이 됩니다.

　스콧팩은 오랜 시간 정신과 의사로 살아온 사람이었습니다. 그는 수많은 내담자를 만나며 인간의 고통과 회복을 지켜본 사람이었고, 스스로도 이성과 통제, 이해의 언어에 익숙한 사람이었습니다. 그는 자신이 건강한 사람이라고 믿었습니다. 삶을 관리할 수 있었고, 감정을 분석할 수 있었으며, 문제를 설명할 수 있다고 생각했습니다. 그는 무너지지 않는 사람이었고, 스스로를 단단한 사람으로 인식하고 있었습니다.

그러나 그의 삶에는 설명으로 다루기 어려운 지점이 남아 있었습니다. 관계는 유지되고 있었지만 깊어지지 않았고, 성취는 있었지만 안도감은 없었습니다. 그는 병들었다고 느끼지 않았지만, 점점 무거워지고 있다는 감각을 느끼기 시작했습니다. 자신을 지탱하던 이해와 통제, 자기 설명이 하나의 옷처럼 겹겹이 쌓이며, 오히려 마음을 조여 오고 있음을 깨닫게 됩니다.

그는 훗날 이렇게 말합니다. 사람이 가장 치유되기 어려운 순간은 자신이 건강하다고 믿는 순간이라고 고백했습니다. 그는 무너지지 않기 위해 쌓아온 언어와 태도가 오히려 자신을 하나님 앞에서 숨기게 만들고 있었다고 말합니다.

그것은 성경 속 바리새인의 기도와 정확히 겹쳐집니다. 바리새인은 거짓말을 하지 않았습니다. 그는 실제로 하지 않은 일과 실제로 해온 일을 말했습니다. 그는 자신이 어떤 사람인지 잘 알고 있었고, 그 말에는 틀린 부분이 없어 보였습니다. 그러나 그의 기도는 하나님을 향해 열린 말이 아니라 자신을 증명하는 말이었습니다. 하나님 앞에서 자신이 어떤 존재인가를 묻기보다, 하나님 앞에서도 괜찮은 사람으로 남고자 하는 태도였습니다.

가식은 바로 이 지점에서 형성됩니다. 사실을 말하지만 방향이 어긋난 상태, 진실을 말하지만 관계는 닫혀 있는 상태, 하나님께 말하는 듯하지만 실제로는 자기 자신에게 말하고 있는 상태입니다. 그때 기도는 관계의 언어가 아니라 자기 관리의 언어가 되고, 신앙은 은혜의 자리에서 자격의 자리로 이동합니다. 나는 은혜를 받는 사람이 아니라 은혜를 받을 만한 사람으로 서 있으려 애쓰게 됩니다.

가식의 핵심은 속임수가 아니라 비교입니다. 비교는 언제나 두 가지를 만듭니다. 하나는 자기 의로움이고, 다른 하나는 타인에 대한 은밀한 거리 두기입니다. 사람은 남을 정죄한다고 느끼지 않으면서도 마음속에는 선이 생깁니다. 선 안쪽은 괜찮은 나이고, 선 바깥은 그렇지 않은 사람들입니다. 이 선이 생기는 순간 신앙은 이미 균열을 시작합니다. 하나님 앞에서는 모두가 은혜로 서 있는데, 내 안에서는 은혜가 자격처럼 바뀌기 때문입니다.

그래서 예수님께서 외식을 가장 깊이 경계하신 이유는, 그것이 사람을 나쁘게 만들기 때문이 아니라 사람을 안전하게 만들기 때문입니다. 안전해 보이는 사람은 흔들리지 않는 것처럼 보입니다. 주변은 안심하고, 공동체는 기대며, 사람들은 그를 신뢰합니다. 그러나 그 안전함은 종종 하나님 앞에서의 안전이 아니라 사람들 앞에서의 안전입니다. 그렇게 살아온 시간이 길어질수록 하나님 앞에서 솔직해지는 일은 점점 더 어려워집니다. 솔직해지는 순간 잃을 것들이 생기기 때문입니다. 내가 지켜온 이미지, 내가 쌓아온 신뢰, 내가 유지해온 자리입니다.

마음의 옷을 가볍게 한다는 것은 경건을 버리는 일이 아닙니다. 경건으로 자신을 지키는 일을 멈추는 것입니다. 하나님 앞에서 괜찮은 사람으로 서 있으려는 태도를 내려놓고, 하나님 앞에서 무너질 수도 있는 사람으로 서는 연습입니다. 나를 설명하는 말이 많아질수록 마음은 무거워지고, 하나님은 멀어집니다. 반대로 나를 증명하려는 말이 줄어들수록 마음은 가벼워지고, 하나님은 가까워집니다.

가식은 악한 연기가 아닌 불안한 방어입니다. 그 방어를 내려놓는 순간 신앙은 다시 숨을 쉽니다. 하나님 앞에서조차 괜찮아 보이려던 옷을 벗을 때, 기도는 다시 진실해지고, 마음은 비로소 가벼워집니다. 그때 우리는 더 나은 사람이 되는 것이 아니라 더 참된 사람이 됩니다.

일상의 언어 속에 담긴 진심

성경에는 바리새인과 세리가 함께 성전에 올라가 기도하는 장면이 나옵니다. 바리새인은 서서 또렷한 문장으로 하나님께 기도했습니다. 그의 말에는 감사가 있었고, 헌신이 있었으며, 신앙적으로 흠잡을 데 없는 표현들이 이어졌습니다. 반면 세리는 멀찍이 서서 고개를 들지도 못한 채 한 문장만 반복했습니다. "하나님이여 불쌍히 여기소서 나는 죄인이로소이다."

예수님께서는 이 두 기도 중에서 바리새인의 긴 기도가 아니라 세리의 짧은 말이 하나님께 더 가까웠다고 말씀하셨습니다. 만약 이 장면이 불편하게 느껴진다면 그 이유는 바리새인의 기도가 우리가 교회 안에서 가장 자주 듣는 기도 방식과 매우 닮아 있기 때문일 수 있습니다.

헨리 나우웬은 『상처 입은 치유자』에서 자신이 영성 지도자로 살아가면서 점점 하나님 앞에서도 올바른 말만 하는 사람이 되어 가고 있었음을 고백했습니다. 그는 불안할 때도 감사하다고 말했고, 공허할 때도 주님의 뜻이라고 정리했습니다. 그러던 어느 날, 그는 기도 시간에 일부러 아무 말도 하지 않고 앉아 있기 시작했습니다. 문장을 만들지 않자 그동안 말로 덮어 두었던 두려움과 외로움이 그대로 올라왔습니다. 그는 그 시간을 처음으로 하나님 앞에서 영적인 자신이 아니라 그냥 인간 자신으로 서 본 순간이라고 기록했습니다.

아툴 가완디는 『어떻게 죽을 것인가』에서 의료 현장에서 비슷한 장면을 소개했습니다. 말기 암 환자의 가족에게 의사들이 반복해서 사용하던 말은 "끝까지 희망을 가지세요", "우리는 할 수 있는 모든 것을 하고 있습니다"라는 표현들이었습니다. 그 말들은 전문적이었고, 친절했으며, 틀린 말도 아니었습니다.

그러나 그 말들 속에서는 환자와 가족이 가장 알고 싶어 했던 질문, "나는 지금 어떤 상태인가", "앞으로 무엇을 준비해야 하는가"라는 이야기가 계속 미뤄지고 있었습니다. 가완디는 이것을 두고, 의사들이 사실을 숨긴 것이 아니라 사실을 좋은 말로 덮어 버린 것에 가깝다고 말했습니다. 말은 부드러웠지만, 현실은 전달되지 않았고, 그 사이 환자는 준비할 시간도 작별할 시간도 잃어 가고 있었습니다.

신앙의 언어도 비슷하게 작동하는 장면을 자주 보게 됩니다. 사람들은 진실을 말하기보다, 진실을 신앙적으로 정리된 문장으로 바꾸는 데 익숙합니다. "무섭다"는 말 대신 "하나님께 맡깁니다"를 말하고, "모르겠다"는 말 대신 "믿음으로 가겠습니다"를 선택합니다. 말은 틀리지 않지만 그 말 속에서 실제 감정은 점점 사라집니다. 하나님 앞에서도 사람들은 사실을 말하기보다, 신앙적으로 들리는 표현을 먼저 찾습니다.

SNS에 올라오는 신앙 고백 문장들도 비슷한 흐름을 보입니다. "오늘도 은혜로 승리합니다", "모든 것이 하나님의 계획입니다." 이런 말들이 반복되는 반면에 "오늘은 너무 무서웠습니다", "하나님이 잘 느껴지지 않습니다"라는 글들은 거의 보이지 않습니다. 신앙의 언어는 넘쳐나는데 인간의 언어는 줄어듭니다. 말은 점점 거룩해지지만 마음은 점점 더 말하지 않는 상태로 굳어집니다.

예수님께서 문제 삼으신 것은 바리새인들의 말이 틀렸기 때문이 아니라 그 말이 너무 완성되어 있었기 때문일지도 모릅니다. 그들의 말은 정제되어 있었고, 안전했으며, 준비되어 있었습니다. 그 안에는 흔들리는 자신도, 질문하는 자신도 잘 드러나지 않습니다. 거룩한 말투는 하나님을 향한 언어처럼 들리지만 때로는 하나님 앞에서 자신을 숨기는 방식으로 작동합니다.

거룩한 말투를 내려놓는다는 것은 무례해지는 일이 아닙니다. 말을 다시 사실의 자리로 돌려놓는 일입니다. 하나님 앞에서 감정이 정리되지 않은 상태로 서는 연습입니다. 문장이 깨진 채로 머무는 선택입니다. 세리의 기도에는 신학이 없었습니다. 그러나 그 말에는 연출되지 않은 자신의 모습이 그대로 담겨 있었습니다.

거룩한 말투가 사라진 자리에는 다른 종류의 거룩이 남습니다. 말이 거룩해지는 것이 아니라 말하지 않아도 하나님 앞에 설 수 있는 상태가 됩니다. 설명하지 않아도 되는 존재로 서는 경험입니다. 그 침묵 속에서 신앙은 다시 역할이 아니라 관계의 자리로 돌아옵니다.

말보다 깊은 울림 찾기

예수님께서는 제자들에게 기도를 가르치시며 이렇게 말씀하셨습니다. "기도할 때에 이방인과 같이 중언부언 하지 말라"(마 6:7). 말이 많아질수록 하나님께 더 가까워진다는 보장은 없습니다. 오히려 말 속에 숨어 하나님을 직접 마주하지 않게 될 위험을 경고하는 말씀으로 들립니다. 이 말씀은 기도의 형식을 말하기보다 기도가 어디에 머물고 있는지를 묻는 질문처럼 들립니다.

현실의 장면은 훨씬 소박합니다. 어느 날 한 사람이 친구에게 말합니다. "요즘 너무 지쳐서 아무 말도 하기 싫어." 친구는 잠시 듣다가 이렇게 답합니다. "그래도 감사해야지. 다 뜻이 있을 거야."

그 말은 틀리지 않았습니다. 따뜻한 말이고 선한 말입니다. 그러나 그 순간 대화는 멈춥니다. 처음 말을 꺼낸 사람은 더 이상 자신의 상태를 설명하지 않습니다. 고개를 끄덕이며 웃지만 사실은 더 이상 말할 수 없게 됩니다. 그런 말은 위로가 되기보다 대화를 단절시켜 버립니다.

비슷한 장면은 우리 일상에서 자주 반복됩니다. 지인들의 모임에서 한 사람이 말합니다. "요즘 기도가 잘 안 나와." 그러자 누군가는 이렇게 말합니다. "믿음으로 이겨야지."

이 말 역시 틀리지 않았습니다. 그러나 그 말이 나온 뒤, 왜 기도가 안 나오는지에 대한 이야기는 이어지지 않습니다. 질문은 신앙적인 문장 하나로 정리되고, 감정은 말해지지 않은 채 남게 됩니다.

이런 말버릇은 누구에게나 있습니다. 힘들 때 "괜찮아"라고 말하고, 이해되지 않을 때 "하나님 뜻이겠지"라고 정리합니다. 말은 부드럽지만 그 말 속에서 실제 상태는 점점 표현되지 않습니다. 사람들은 경험을 말하기보다, 경험을 설명하는 신앙 언어를 먼저 꺼냅니다. 그 언어는 틀리지 않지만, 너무 빨리 나오면 삶이 표현될 수 있는 기회를 잃게 됩니다.

어느 순간부터 사람은 자신이 어떤 감정을 느끼고 있는지 보다, 그 감정을 어떻게 말해야 신앙적으로 들리는지를 먼저 생각하게 됩니다. 슬플 때도 "감사합니다"라는 말을 떠올리고, 화가 날 때도 "하나님께 맡깁니다"라는 말을 합니다. 그 말들은 자신을 보호해 주지만, 동시에 자기 상태를 직접 마주하지 못하게 만들기도 합니다. 말은 많아지는데, 정작 자기 자신에 대한 말은 줄어듭니다.

예수님께서는 바리새인들을 향해 이렇게 말씀하셨습니다. "이 백성이 입술로는 나를 공경하되 마음은 내게서 멀도다"(마 15:8). 그들의 문제는 하나님에 대해 말하지 않았다는 데 있지 않았습니다. 오히려 하나님에 대해 너무 잘 말하고 있었습니다. 그들의 말은 성경적이었고, 공동체 안에서도 인정받는 말이었습니다. 그러나 자신이 빠져 있었습니다.

종교적 언어를 내려놓아야 한다는 것은 말을 거칠게 하자는 뜻이 아닙니다. 말을 다시 삶의 자리로 돌려놓는 일입니다. 하나님 앞에서 문장이 정리되지 않은 상태로 서는 연습입니다. 신앙적인 표현으로 감정을 덮지 않고, 감정 그대로를 들고 서는 선택입니다.

"모르겠습니다", "지칩니다", "무섭습니다." 이런 말들은 어떤 신앙 고백보다 더 깊은 기도가 될 수 있습니다.

종교적 언어가 멈출 때 신앙은 다시 숨을 쉬기 시작합니다. 하나님에 대해 말하는 사람에서, 하나님 앞에 서 있는 사람으로 돌아가게 됩니다. 종교적 언어가 사라진 자리에는 말보다 먼저 존재가 남습니다. 그리고 그 침묵 속에서 사람은 하나님을 설명하는 사람이 아니라 하나님께 들려지는 존재로 서게 됩니다. 그 자리에서 기도는 더 이상 잘 말하는 일이 아니라, 가만히 머무는 일이 됩니다. 말이 줄어들수록 마음은 오히려 더 선명해집니다.

삶의 뒷모습까지 머무시는 은혜

한 부자 청년이 예수님께 나아와 영생에 대해 묻는 장면이 나옵니다. 그는 율법을 어릴 때부터 지켜 왔다고 말하며, 자신이 어떤 삶을 살아왔는지를 차분하게 설명했습니다. 그의 말에는 거짓이 없어 보였습니다. 그는 나쁜 사람이 아니었고, 신앙에 대해서도 진지했습니다.

예수님께서도 그의 태도를 부정하지 않으셨습니다. 다만 한 가지를 말씀하셨습니다. "네게 있는 것을 다 팔아 가난한 자에게 주라 그리하면 하늘에서 보화가 네게 있으리라 그리고 와서 나를 따르라"(막 10:21). 이 말을 들은 청년은 근심했습니다. 그는 더 묻지 않았고, 반박하지도 않았습니다. 그리고 조용히 돌아섰습니다.

이 장면에서 청년이 특별히 탐욕스러웠다고 느껴지지 않습니다. 오히려 우리와 닮아 있는 사람처럼 보입니다. 신앙을 포기할 생각은 없었지만 자기 삶의 중심을 내려놓을 준비는 되어 있지 않았던 사람이었습니다. 하나님을 원했지만 자기 자신을 더 놓치고 싶지는 않았던 사람이었습니다. 그의 근심은 불순함에서 나온 것이라기보다, 솔직함에서 나온 감정처럼 보입니다. 그는 자신이 어디까지는 갈 수 있고, 어디까지는 갈 수 없는지를 알고 있었던 사람이었습니다.

사람들은 흔히 자기 자신을 돌보는 것을 성숙이라고 부릅니다. 상처를 관리하고, 감정을 조절하고, 나를 보호하는 경계를 세우는 일들입니다. 이런 일들은 분명 필요합니다. 자신을 이해하지 못하면, 타인을 이해하기도 어렵기 때문입니다.

그러나 어느 순간부터 신앙은 하나님께 나를 드리는 시간이 아니라 나를 안정시키는 시간이 되기 쉽습니다. 기도는 점점 하나님께 나아가는 자리보다, 내 마음을 진정시키는 자리가 됩니다. 신앙은 헌신보다 자기 관리에 가까워집니다.

어느 모임에서 한 사람이 이렇게 말한 적이 있습니다. "요즘은 나를 먼저 돌보는 신앙을 하고 싶어요." 그 말에는 지친 마음이 담겨 있었고, 충분히 이해할 이유도 있었습니다. 그는 사람들에게 상처를 받았고, 책임과 기대 속에서 숨이 막혀 있었습니다. 그래서 잠시 물러나고 싶었고, 조용히 쉬고 싶었습니다. 처음에는 그 선택이 필요해 보였습니다. 그러나 시간이 지나면서 그의 신앙은 점점 더 불편한 것을 피하는 방향으로만 움직였습니다. 봉사는 부담이 되었고, 갈등은 회피의 대상이 되었으며, 타인의 아픔은 자연스럽게 멀어졌습니다. 신앙은 깊어지기보다 안전해졌습니다.

이런 자기애는 거칠지 않습니다. 오히려 부드럽고 합리적으로 보입니다. 자신을 잘 아는 사람처럼 느껴집니다. 헌신하지 않는 이유를 '지금은 쉬는 시기'라고 말하고, 관계를 끊는 선택을 '건강한 경계'라고 설명합니다. 모든 선택은 나를 보호하는 방향으로 정리됩니다. 그러나 그 과정에서 하나님과 타인의 요구는 점점 뒤로 밀립니다. 하나님을 따르기보다, 하나님을 통해 나를 지키는 사람이 되어 갑니다.

스콧 펙은 이런 마음을 두고 이렇게 말했습니다. "대부분의 사람들은 변화되기를 원한다고 말하지만 실제로는 지금의 자신을 잃지 않기를 더 원한다." 사람들은 더 깊은 믿음을 원한다고 말하지만 동시에 지금의 자신을 그대로 유지한 채 더 안전해지기를 바랍니다. 하나님을 따르겠다고 고백하면서도, 하나님 때문에 내가 달라지는 것은 원하지 않습니다. 변화는 원하지만 상실은 원하지 않는 마음입니다.

그래서 믿음은 점점 부드러워지지만 삶은 흔들리지

않습니다. 기도는 많아지는데 선택은 바뀌지 않습니다. 말씀을 듣지만 중심은 그대로 남아 있습니다. 겉으로는 하나님을 향해 움직이는 것처럼 보이지만 실제로는 하나님을 내 자리에 맞추고 있을지도 모릅니다. 하나님께서 나를 부르시는 방향으로 가기보다 하나님을 내가 머물고 싶은 자리에 초대하고 있는 셈입니다.

예수님께서는 바리새인들을 향해 이렇게 말씀하셨습니다. "바리새인들이여 잔과 대접의 겉은 깨끗이 하되 그 안에는 탐욕과 방탕으로 가득하게 하는도다"(마 23:25).

이 말씀은 도덕적 비난이라기보다는 인간의 상태를 보여 주는 말씀처럼 들립니다. 겉으로는 정돈되어 있지만, 속에는 여전히 자기 자신을 중심에 두고 싶은 마음이 남아 있습니다. 그들의 문제는 하나님을 사랑하지 않았다는 데 있는 것이 아니라 하나님보다 자신을 먼저 놓지 못했다는 데 있었습니다.

믿음처럼 보이는 자기애는 질문의 방향을 바꿉니다. '하나님께서 무엇을 원하시는가', '이게 나에게 도움이 되는가'를 먼저 묻게 합니다.

헌신도, 순종도, 섬김도 결국 나에게 어떤 의미가 있는지를 기준으로 판단합니다. 하나님을 따르는 사람이 아니라 하나님을 통해 더 나은 나를 만들고 싶은 사람이 됩니다.

　이런 자기애를 내려놓는다는 것은 자신을 미워하라는 뜻이 아닙니다. 자신을 중심에 두는 방식을 잠시 멈추는 일이라는 것입니다. 하나님 앞에서 나의 필요와 감정만 말하던 자리에서 하나님께서 나에게 무엇을 요구하시는 지를 다시 듣는 자리로 이동하는 일입니다. 신앙이 나를 편안하게 만드는 도구가 아니라 나를 흔들고 넓히는 길이라는 사실을 받아들이는 과정입니다.

　부자 청년은 많은 것을 지키고 있었습니다. 그러나 한 가지를 내려놓지 못했습니다. 재산이 아니라 자기 자신을 중심에 두고 있던 삶의 방식이었습니다. 믿음처럼 보이는 자기애가 사라질 때 신앙은 하나님을 이용해 나를 지키는 믿음에서, 하나님 앞에 나를 내어놓는 믿음으로 방향을 다시 찾게 됩니다. 그때 신앙은 더 이상 나를 위한 종교가 아니라 나를 넘어서는 부르심으로 다가옵니다.

Part 2

형식보다 깊은 사랑으로

견고한 형식 너머에 있는 사랑의 본질을 탐구합니다.
바리새인이라는 구조적 함정은 과거의 이야기가 아니라
신앙이 기준과 원칙으로 굳어질 때 언제든 되살아나는
우리의 모습입니다.
우리는 율법의 자리를 바로 잡고, 형식보다 깊은 사랑의
품으로 돌아가야 합니다.

율법을 넘어 사랑의 품으로

바리새인은 성경 속 한 부류의 사람으로 남아 있지만 동시에 하나의 반복되는 신앙 형태로 존재합니다. 특정 인물의 문제가 아니라 신앙이 제도와 언어, 역할과 기준 속에 자리 잡을 때 자연스럽게 만들어지는 모습입니다. 바리새인을 과거 인물로만 읽으면 쉽게 비판할 수 있습니다. 그러나 그 방식을 오늘의 신앙 안에서 바라보기 시작하면 이야기는 달라집니다. 바리새인은 사라진 사람이 아니라 지금도 계속 만들어지고 있는 신앙인의 모습입니다.

바리새인들의 특징은 열심이었습니다. 그들은 말씀을 알았고, 율법을 지키려 했습니다. 공동체 안에서 책임을 맡았고, 신앙을 삶의 중심에 두고 있었습니다. 문제는 그 열심이 하나님을 향해 있으면서도 동시에 자신을 지키는 방향으로 굳어졌다는 점입니다. 신앙은 처음에는 관계로 시작되었지만 시간이 지나면서 기준이 되었고, 그 기준은 곧 자신을 평가하는 잣대가 되었습니다. 하나님을 섬기기 위해 세운 기준이 어느 순간부터 자신을 세우는 도구로 작동하기 시작한 것입니다.

이 모습은 오늘날에도 쉽게 반복됩니다. 어느 교회에 새로 온 성도가 있었습니다. 그는 예배 시간에 자주 늦었고, 찬송가 가사도 잘 몰랐으며 기도 시간에는 거의 말을 하지 못했습니다. 그러자 오래 다닌 성도들 사이에서 이런 말들이 오갔습니다. "아직 믿음이 약해서 그래요", "좀 더 훈련이 필요하겠네요."

그 말들은 틀리지 않았고, 악의도 없었습니다. 그러나 그 순간부터 그 사람은 한 사람의 삶이 아니라 '기준에 미치지 못한 신앙 상태'로 정리되었습니다. 신앙은 관계의 문제가 아니라 수준의 문제가 되었습니다.

예수님께서 바리새인들을 향해 자주 하신 말씀은 "너희는 안다"도 아니고 "너희는 틀렸다"도 아니었습니다. "너희는 본다"였습니다. 그들은 무엇이 옳은지 알고 있었고, 무엇이 잘못되었는지도 분명히 구분할 수 있었습니다. 그래서 스스로를 길 잃은 사람으로 느끼지 않았습니다. 이미 길 위에 서 있다고 믿었고, 그 길을 지키는 역할을 맡고 있다고 생각했습니다. 그러나 바로 그 확신 때문에 더 이상 하나님을 찾지 않게 되었습니다.

이 신앙 방식은 사람에게 안정감을 줍니다. 무엇을 해

야 하는지가 분명하고, 어디까지가 옳은지도 명확합니다. 그 안에 있으면 흔들리지 않습니다. 그러나 동시에 질문이 사라집니다. 하나님 앞에서 다시 묻기보다는 이미 정해진 답 안에서 자신을 정리하게 됩니다. 신앙은 점점 관리가 되고, 순종은 기다림이 아니라 점검이 됩니다. 하나님을 따라가는 삶보다 하나님을 기준으로 자신을 평가하는 삶에 익숙해집니다.

이 지점에서 사람은 쉽게 판단자가 됩니다. 상황을 이해하기보다 기준을 적용하고, 사람을 보려 하기보다 옳고 그름을 먼저 나눕니다. 신앙은 만남의 자리가 아니라 평가의 자리가 됩니다. 하나님은 살아 있는 분이 아니라 이미 알고 있는 개념으로 고정됩니다.

바리새인의 문제는 악의에서 출발하지 않았습니다. 대부분은 책임감에서, 성실함에서, 공동체를 지키고 싶은 마음에서 시작됩니다. 그러나 그 방식이 오래 반복되면, 사람은 점점 하나님보다 기준에 충실한 사람이 됩니다. 관계보다 원칙을 먼저 세우고, 만남보다 평가를 먼저 하게 됩니다. 그때부터 신앙은 살아 있는 관계가 아니라 유지해야 할 체계가 됩니다.

이 글에서 다루는 것은 바리새인의 행동이 아니라 바리새인이 만들어지는 방식입니다. 왜 사람은 신앙 안에서 점점 판단자가 되는지, 왜 열심은 시간이 지날수록 관계를 약화시키는지, 왜 옳은 말이 많아질수록 침묵은 사라지는지. 그 과정을 그대로 바라보려는 시도입니다.

바리새인의 신앙 방식은 사람을 보호합니다. 흔들리지 않게 해 주고, 스스로를 괜찮은 사람으로 느끼게 만듭니다. 그러나 동시에 하나님을 멀게 만듭니다. 안정감은 커지지만, 하나님 앞에 서는 긴장은 사라집니다. 이 글은 그 익숙한 자리에서 한 걸음 물러나 다시 묻는 자리로 돌아가기 위한 기록입니다.

옳은 사람으로 서기보다 찾는 사람으로 서기 위한 선택입니다. 바리새인의 방식에서 벗어난다는 것은 잘 믿는 사람이 되지 않겠다는 선언이 아니라 다시 하나님 앞에서 모르는 사람으로 서겠다는 결심입니다.

마음의 중심을 회복하기

외식은 흔히 위선이라고 불립니다. 그러나 실제로는 누군가를 속이겠다는 마음에서 시작되기보다는 관계 속에서 살아남기 위해 조금씩 만들어지는 습관에 더 가깝습니다. 사람은 누구나 누군가 앞에 서면 자연스럽게 자신을 조절합니다. 말을 고르고, 감정을 관리하고, 상황에 맞는 태도를 취합니다. 이런 조절이 오래 반복되면 어느 순간부터 자신이 조절하고 있다는 사실조차 잊게 됩니다.

미국 사회학자 어빙 고프먼은 『일상생활에서의 자기표현』에서 인간의 삶을 무대에 비유했습니다. 사람은 사회 속에서 살아가기 위해 일정한 역할을 수행하고, 상황에 맞는 얼굴을 쓰며, 기대되는 반응을 선택합니다. 처음에는 그것이 예의와 배려처럼 느껴집니다. 시간이 지나면 사람은 점점 '내가 어떤 사람인가'보다 '어떻게 보이는가'에 더 익숙해집니다. 역할은 편안해지고, 그 편안함 속에서 실제 감정은 점점 드러나지 않게 됩니다.

이 모습은 서비스 직종에서 분명하게 드러납니다. 심리학자 아를리 혹실드는 『감정노동』에서 항공사 승무원들의 사례를 소개했습니다. 개인적으로 힘든 일이 있어도 웃어야 하고, 기분이 좋지 않아도 친절해야 하는 상황이 반복되면, 사람은 자신의 실제 감정과 점점 분리됩니다. 웃고 있지만 기쁘지 않고, 친절하지만 연결되어 있지 않은 상태로 살아갑니다. 외식은 여기서 누군가를 속이는 행동이 아니라 자기감정을 말하지 않는 삶이 굳어지는 과정으로 나타납니다.

이 방식은 종교 공동체에서도 비슷하게 반복됩니다. 신앙 안에서 사람은 '어떻게 느끼는가'보다 '어떻게 반응해야 하는가'를 먼저 배웁니다. 불편함을 말하기보다 이해하는 태도를 택하고, 의문을 드러내기보다 정리된 표현으로 자신을 설명합니다. 처음에는 관계를 지키기 위한 선택처럼 보입니다. 시간이 지나면 사람은 점점 자기감정보다 자기 역할에 더 익숙해집니다. 무엇을 느끼는 사람인가보다 어떤 신앙인처럼 보이는가를 더 잘 알게 됩니다.

예수님께서는 바리새인들을 향해 이렇게 말씀하셨습니다. "화 있을진저 외식하는 서기관들과 바리새인들이여"(마 23:13). 이 말씀은 도덕적 비난이라기보다 신앙이 인간의 삶 속에서 어떻게 굳어지는지를 보여 주는 진단이라고 볼 수 있습니다. 그들은 말씀을 알았고, 책임을 맡았으며 공동체 안에서 존경받는 사람들이었습니다. 그러나 그들의 삶은 점점 하나님 앞에 서는 삶이 아니라 하나님 앞에 서 있는 사람처럼 보이는 삶이 되었습니다.

외식은 사람을 보호합니다. 상처를 드러내지 않게 하고, 갈등을 줄이며 관계를 안정시킵니다. 그러나 동시에 사람을 자기 자신으로부터 멀어지게 만듭니다. 사람들 속에 있지만 자신의 상태는 말해지지 않고, 감정은 표현되지 않으며 질문은 정리된 언어 속에 묻힙니다. 외식은 관계를 유지하지만 존재는 약해집니다.

외식을 벗는다는 말은 갑자기 솔직해지라는 요구가 아닙니다. 자신이 얼마나 오랫동안 역할로 살아왔는지를 알아차리는 과정이라고 볼 수 있습니다. 말하지 않는 것이 성숙이라고 믿어 온 시간, 감정을 숨기는 것이 신앙이라고 배워 온 방식, 불편함을 삼키는 것이 인격이라고 여겨 온 습관을 천천히 돌아보는 일입니다.

외식을 내려놓는다는 것은 더 나은 사람이 되겠다는 결심이 아닙니다. 더 이상 자신을 연기하지 않겠다는 선택입니다. 그 이후에도 삶은 여전히 복잡하고, 관계는 여전히 어렵습니다. 다만 사람은 처음으로 자기 상태를 인식한 채 그 안에 머무르게 됩니다. 외식이 사라진 자리에 남는 것은 해답이 아니라 자기 자신과 다시 연결된 감각입니다. 그 감각 위에서 신앙은 이미지가 아니라 다시 살아 있는 삶이 됩니다.

기쁨으로 걷는 순종의 길

예수님께서는 안식일에 병자를 고치신 뒤 이렇게 말씀하셨습니다. "안식일이 사람을 위하여 있는 것이요 사람이 안식일을 위하여 있는 것이 아니니"(막 2:27)라는 이 말씀은 율법을 부정하는 선언이 아니라 율법의 자리를 다시 바로 놓는 말입니다. 율법은 사람을 살리기 위해 주어졌습니다. 그러나 시간이 지나면서 사람은 율법을 지키기 위해 자신을 조정하는 존재가 되어버렸습니다.

율법 중심 신앙은 대부분 선한 마음에서 시작됩니다. 신앙을 흐릿하게 만들고 싶지 않고, 자기합리화에 빠지고 싶지 않으며, 무엇이 옳은지 분명히 알고 싶어서 기준을 세웁니다. 그래서 사람은 규칙을 만들고, 원칙을 정리하고, 해야 할 것과 하지 말아야 할 것을 구분합니다. 처음에는 그 기준이 신앙을 지켜 주는 울타리처럼 느껴집니다. 흔들리지 않게 해 주고, 방향을 잡아 주며 선택을 쉽게 만들어 줍니다.

그러나 시간이 지나면 기준은 사람을 보호하기보다

사람을 관리하는 틀이 됩니다. 무엇을 느끼는가보다 무엇이 옳은가를 먼저 묻습니다. 불편함이 생겨도 감정을 들여다보기보다 규칙에 맞는 반응을 찾습니다. 신앙은 살아 있는 관계가 아니라 점검해야 할 항목이 됩니다. 오늘 기도를 했는지, 말씀을 읽었는지, 헌신을 했는지 기준에 맞게 살았는지를 스스로에게 묻습니다. 질문은 많아지지만 하나님을 향한 질문은 줄어듭니다.

교육학자 알피 콘은 『보상에 대한 처벌』에서 아이들이 배우기 위해 공부하지 않고 점수를 얻기 위해 공부할 때, 배움의 의미가 사라진다고 말했습니다. 성적표는 남지만 학습의 기쁨은 사라집니다. 그는 또 이렇게 말했습니다. "사람들은 목표를 달성하는 데 집중할수록, 그 목표가 왜 중요한지는 잊어버리게 된다."

그의 통찰은 신앙에도 그대로 적용됩니다. 우리는 하나님을 만나기 위해 신앙생활을 시작합니다. 그러나 어느 순간부터는 기준을 지키기 위해 신앙을 유지합니다. 말씀은 삶을 비추는 빛이 아니라 나를 평가하는 잣대가 됩니다. 기도는 만남이 아니라 해야 할 일 목록이 됩니다. 신앙은 관계가 아니라 성취가 됩니다. 사람은 하나님 앞에 서 있는 존재가 아니라 신앙 점수를 관리하는 존재가 됩니다.

이 방식은 사람을 쉽게 안심시킵니다. 기준을 지키고 있으니 괜찮다고 느낍니다. 그러나 그만큼 하나님 앞에서 묻지 않게 됩니다. 지금 내 마음이 어디에 있는지, 무엇이 나를 흔들고 있는지, 하나님께서 나에게 무엇을 말씀하시는지는 중요하지 않게 됩니다. 중요한 것은 내가 정해 놓은 틀 안에 여전히 서 있는지 입니다.

예수님께서 안식일에 병자를 고치신 장면은 율법을 무너뜨리는 사건이 아닙니다. 율법이 다시 사람을 향하도록 되돌려 놓는 장면입니다. 기준이 사람을 살리지 못하면, 기준은 이미 목적을 잃은 상태입니다. 율법 중심 신앙을 내려놓는다는 말은 규칙을 버리자는 뜻이 아닙니다. 규칙을 다시 관계 안으로 돌려놓는 일입니다. 무엇을 지키고 있는가보다는 누구를 향해 서 있는지를 다시 묻는 일입니다.

율법이 중심이 되면 사람은 자기 자신을 계속 점검하는 존재가 됩니다. 사람이 중심이 되면 율법은 숨을 쉽니다. 신앙은 체크리스트가 아니라 방향이 되며, 기준이 아니라 만남이 됩니다. 그때 사람은 지키는 존재가 아니라 살아 있는 존재로 하나님 앞에 서게 됩니다.

나만의 기준을 내려놓는 자유

사람은 누구나 기준을 세우며 살아갑니다. 무엇이 옳은지, 어디까지 허용할 수 있는지, 어떤 삶이 바람직한지에 대해 나름의 선을 긋습니다. 그 기준은 처음에는 자신을 지키기 위한 장치로 작동합니다. 쉽게 흔들리지 않기 위해, 감정에 휩쓸리지 않기 위해, 삶을 조금 더 정리하기 위해 만들어집니다. 기준은 방향을 제시하고, 선택을 단순하게 만들며, 스스로를 안심시키는 역할을 합니다.

그러나 시간이 지나면 기준의 역할이 달라집니다. 사람은 기준을 참고하는 존재가 아니라 기준을 들고 서 있는 존재가 됩니다. 무엇을 느끼는가보다, 무엇이 맞는가를 먼저 판단합니다. 상황을 이해하기보다 옳고 그름을 먼저 나눕니다. 기준은 도구였는데, 어느 순간부터 사람은 그 기준을 통해 타인을 보고, 자기 자신을 평가하는 자리에 서게 됩니다.

이 모습은 일상에서도 자주 나타납니다. 부모가 아이

를 키울 때를 떠올려 보면 분명해집니다. 처음에는 아이가 잘 자라기를 바라는 마음으로 규칙을 만듭니다. 몇 시에 자야 하는지, 얼마나 공부해야 하는지, 어떤 행동이 바람직한지를 정합니다.

시간이 지나면 대화는 줄고, 지적은 늘어납니다. 아이의 마음 상태보다 규칙을 지켰는지가 더 중요해집니다. 아이는 이해받는 존재가 아니라 관리되는 존재가 됩니다. 부모는 아이를 돕고 있다고 생각하지만, 아이는 점점 자기 상태를 말하지 않게 됩니다.

기준 설정자의 착각은 여기서 시작됩니다. 상대를 위해 기준을 세웠다고 믿지만, 실제로는 기준이 관계를 대신합니다. 기준이 많아질수록 대화는 줄어듭니다. 기준이 분명해질수록 만남은 단순해집니다. 사람은 복잡한 존재인데, 기준은 그 복잡함을 감당하지 못하고 흑백으로 정리합니다.

이 현상은 신앙 안에서도 반복됩니다. 사람은 하나님의 뜻을 분별한다고 말하지만, 어느 순간부터는 자신이 이해한 기준을 하나님의 뜻으로 사용합니다. 상황을 묻기보다 규칙을 적용합니다. 사람을 보려 하기보다 원칙으로 판단합니다. 질문은 사라지고, 해석은 고정됩니다. 다른 선택은 쉽게 틀린 것으로 분류됩니다. 사람은 하나님을 따르는 위치에서 내려와, 하나님을 대신해 판단하는 자리에 서게 됩니다.

예수님께서는 이렇게 말씀하셨습니다. "비판을 받지 아니하려거든 비판하지 말라"(마 7:1). 이 말씀은 판단을 모두 금지하라는 선언이 아니라 사람이 기준 설정자의 자리에 오래 머물 때 생기는 착각을 드러낸 것이었습니다. 사람은 자신이 객관적인 위치에 서 있다고 믿지만 실제로는 자기 기준 안에서만 세상을 바라봅니다.

기준 설정자의 착각은 사람을 안전한 자리에 올려놓습니다. 방향을 알고 있다는 감각, 비교적 옳은 편에 서 있다는 확신, 쉽게 흔들리지 않는 사람이라는 이미지가 생깁니다. 그러나 그 안전함 속에서 사람은 묻지 않게 됩니다. 기준이 이미 답을 주고 있기 때문입니다. 기다릴 이유도 사라지고, 침묵 속에서 들을 필요도 없어집니다.

기준에서 벗어난다는 말은 기준을 모두 버리자는 뜻이 아닙니다. 기준을 잠시 내려놓고, 다시 사람을 보는 자리로 돌아가는 일입니다. 지금 붙잡고 있는 기준이 관계를 살리고 있는지, 아니면 관계를 대신하고 있는지 묻는 일입니다. 혼란은 기준이 사라질 때 생기지 않습니다. 혼란은 기준이 절대화될 때 시작됩니다.

사람은 기준을 통해 정리될 수 있습니다. 그러나 관계

는 기준을 통해 깊어지지 않습니다. 기준은 질서를 만들지만, 이해를 만들지는 못합니다. 기준 설정자의 착각에서 벗어나는 순간, 사람은 판단의 자리에서 내려와 다시 묻는 자리에 서게 됩니다. 그리고 그 자리에서 신앙은 정답이 아니라 방향으로 남습니다.

정죄 대신 따뜻한 시선으로

사람은 누군가 힘들다고 말할 때, 그 말을 끝까지 듣기보다 먼저 반응하려는 마음이 앞서는 경우가 많습니다. 불편한 이야기를 오래 듣기보다, 어떻게든 도움이 되는 말을 해 주고 싶어집니다. 침묵보다는 위로를, 질문보다는 해답을 먼저 떠올립니다. 그 마음은 선하지만, 그 속도 때문에 우리는 종종 상대의 이야기를 충분히 듣지 못한 채 대화를 마칩니다.

그래서 대화는 자주 이런 방향으로 흘러갑니다. "그래도 감사해야죠", "믿음으로 이겨야죠", "하나님이 다 아시잖아요." 이런 말들은 틀린 말이라기보다 교회 안에서 익숙하게 오가는 신앙 언어입니다. 위로하려는 마음에서 나오고, 실제로 많은 상황에서 힘이 되기도 합니다.

그러나 이런 말들이 너무 빨리 나오면 처음 말을 꺼낸 사람의 이야기는 그 자리에서 멈추게 됩니다. 그는 더 이상 자신의 상태를 설명하지 않고 고개를 끄덕이며 대화를 끝내게 됩니다. 말은 이어지지만 삶에 대해서는 더 이상 말하지 않게 됩니다.

헨리 나우웬은 『상처 입은 치유자』에서 한 상담 경험을 소개했습니다. 한 젊은이가 찾아와 불안과 우울, 삶의 무의미함을 털어놓았을 때, 그는 목회자로서 매우 바른 반응을 했다고 말했습니다. 신앙적인 조언을 했고, 희망의 말을 건넸으며, 하나님 안에서 의미를 찾으라고 말했습니다.

그러나 그 청년은 점점 말을 줄였고, 결국 다시 찾아오지 않았습니다. 나우웬은 나중에 이렇게 적었습니다. "나는 그의 이야기를 듣기보다 그 이야기를 빨리 정리하고 싶어 했다는 사실을 깨달았다."

그의 말은 틀리지 않았습니다. 충분히 할 수 있는 말이었고, 많은 상황에서 도움이 될 수 있는 조언이었습니다. 다만 그 말들 속에는 그 사람의 이야기에 그대로 머무는 시간이 부족했습니다. 그는 상대를 돕고 있다고 생각했지만 실제로는 불편한 감정을 오래 바라보는 것이 쉽지 않았던 것입니다.

나우웬은 이 경험 이후 이렇게 정리했습니다. "사람을 돕는다는 것은 해답을 주는 일이 아니라 그 사람의 고통 앞에 오래 머무는 일이다." 그는 상담자가 판단자의 자리에 서는 순간, 관계는 설명으로 바뀐다고 말합니다.

예수님께서도 비슷한 말씀을 하셨습니다. "너희가 비판하는 그 비판으로 너희도 비판을 받을 것이요"(마 7:2). 이 말씀은 누군가를 꾸짖는 선언이라기보다 비판이 사람 사이의 거리를 어떻게 만들어 가는지를 보여 주는 말이기도 합니다. 판단이 앞서면 이야기는 짧아지고, 침묵은 사라집니다.

판단하는 신앙은 속도가 빠릅니다. 상황을 충분히 바라보기 전에 결론이 나옵니다. 감정을 들여다보기 전에 해석이 붙습니다. 신앙적인 말은 많아지지만, 인간적인 침묵은 줄어듭니다. 사람은 더 이상 자기 이야기를 하지 않게 되고, 신앙은 교훈의 언어로 굳어집니다.

판단하는 신앙에서 벗어난다는 것은 옳은 말을 버리자는 뜻이 아닙니다. 옳은 말보다 사람을 먼저 보는 연습이라는 것입니다. 상대의 이야기를 교훈으로 만들기 전에, 그 이야기가 하나의 삶이라는 사실을 받아들이는 태도입니다. 판단이 줄어들 때 신앙이 약해지는 것이 아니라 그때 비로소 신앙은 사람의 삶 가까이로 이동합니다.

비교 없는 온전한 평안

비교는 처음부터 경쟁으로 시작되지 않는 경우가 많습니다. 대부분은 확인에서 시작됩니다. 내가 잘 가고 있는지, 너무 뒤처진 것은 아닌지, 이 정도면 괜찮은 신앙인지 스스로에게 묻는 과정에서 자연스럽게 옆 사람을 보게 됩니다. 비교는 불안에서 출발하고, 그 불안은 곧 경건의 기준이 됩니다. 사람은 하나님 앞에 서기보다, 사람들 사이에서 자신의 위치를 확인하게 됩니다.

이 비교는 신앙의 방식에도 영향을 줍니다. 기도를 얼마나 하는지, 봉사를 얼마나 맡았는지, 성경을 얼마나 읽는지가 자신의 상태를 보여 주는 지표처럼 느껴집니다. 경건은 관계의 문제라기보다 수치의 문제로 바뀝니다. 신앙은 깊이를 향해 움직이기보다 관리의 방향으로 정리됩니다. 사람은 자신의 마음을 살피기보다 남들과 비교해 어느 정도에 와 있는지를 계산합니다.

이쯤 되면 비교는 생각을 넘어 언어로 드러납니다. 비교는 대개 아주 평범한 말에서 시작됩니다.

"누구네는 새벽기도를 빠지지 않는다더라."

"저 집 아이들은 성경 암송도 다 한다던데."

"그 집은 주일이면 하루 종일 교회에 있대."

이 말들은 비난이라기보다 감탄이라고 할 수 있습니다. 잘하고 있는 사람을 보며 스스로를 돌아보는 자연스러운 반응입니다. 그러나 이런 말들이 반복될수록 사람은 하나님 앞에 서기보다 교회 안의 다른 가정들을 기준으로 자신을 재게 됩니다. 경건은 절대적인 기준이 아니라 상대적인 위치가 됩니다.

어느 가정의 모습을 떠올려 볼 수 있습니다. 같은 교회에 다니는 두 가정이 있었습니다. 한 가정은 부부가 봉사에 적극적이었고, 아이들도 주일학교에서 맡은 역할이 있었습니다. 교회에서는 늘 모범 가정으로 불렸습니다. 다른 가정은 주일 예배는 빠지지 않았지만 봉사는 거의 하지 않았고, 아이들도 예배를 드린 뒤 바로 귀가하곤 했습니다. 겉으로 보기에 큰 문제는 없어 보이지만 마음에는 이런 생각이 남았습니다. '우리 집은 좀 부족한 편이 아닐까.'

비교는 그렇게 기준이 됩니다. 처음에는 관찰이 시간이 지나면 평가가 됩니다. 저 정도는 해야 정상인 것처럼 느껴지고, 그 기준에 미치지 못하면 스스로를 낮추게 됩니다. 사람은 하나님 앞에서 자신의 삶을 묻기보다는 교회 안에서 보이는 다른 가정들과 자신을 나란히 놓습니다. 경건은 관계가 아니라 위치가 됩니다.

이 구조는 겉으로 보기에 열심처럼 보입니다. 더 기도하려 애쓰고, 더 참여하려 노력하며, 더 헌신하려 합니다. 그러나 그 동력은 하나님을 향한 갈망이 아니라 뒤처지고 싶지 않은 마음일 때가 많습니다. 비교 속에서 만들어진 경건은 사람을 하나님께 데려가기보다, 사람들 사이에서 견제하게 만듭니다.

예수님께서는 이런 모습을 이렇게 비유하셨습니다. "두 사람이 기도하러 성전에 올라가니 하나는 바리새인이요 하나는 세리라"(눅 18:10). 바리새인의 기도는 하나님께 드리는 고백처럼 보이지만 그 내용은 세리와 자신을 비교한 결과로 나타납니다. 그의 경건은 하나님 앞에서 형성된 것이 아니라 타인과의 비교 속에서 만들어졌습니다.

비교 속 경건은 늘 불안합니다. 누군가 더 잘하면 마음이 흔들리고, 누군가 덜 하면 잠시 안심합니다. 경건은 안정이 아니라 긴장이 됩니다. 사람은 하나님 앞에서 자유로운 존재가 아니라 신앙 안에서도 계속 순위를 매기는 사람이 됩니다.

비교를 멈춘다는 것은 다른 사람을 보지 않겠다는 뜻이 아닙니다. 시선을 다시 하나님께 돌리는 일입니다. 다른 가정의 모습에서 눈을 떼고, 지금 내 삶이 하나님 앞에서 어떤 상태에 있는지를 묻는 자리로 돌아가는 일입니다. 비교가 사라질 때 경건은 점수가 아니라 관계로 남습니다. 그리고 그 관계 안에서 사람은 남을 보며 자신을 판단하지 않고, 자신을 보며 하나님을 찾게 됩니다.

Part 3
성취를 넘어 안식으로

성취와 통제의 유혹을 넘어 참된 안식으로 나아가는 길을
제시합니다.
신앙으로 삶을 관리하려는 욕망을 내려놓고, 자라게 하시는
분을 신뢰하며 멈춤 속에서 하나님을 만나는 법을
배웁니다.

수고한 영혼이 머무는 자리

사람은 신앙 안에서도 자연스럽게 성취를 바라봅니다. 더 잘 믿고 싶고, 더 깊어지고 싶고, 더 성숙해지고 싶습니다. 처음에는 하나님을 향한 마음에서 시작됩니다. 하나님을 사랑하기 때문에, 하나님 앞에서 조금이라도 더 나아지고 싶다는 바람입니다. 그러나 시간이 지나면 그 바람은 방향을 바꿉니다. 하나님을 바라보고 있다고 느끼지만, 실제로는 나 자신을 함께 바라보게 됩니다.

어느 모임에서 한 사람이 이렇게 말한 적이 있습니다. "저는 아직 신앙이 부족한 것 같아요. 더 기도도 해야 하고, 말씀도 더 봐야 하고, 지금보다 나아져야 할 것 같아요." 그 말에는 성실함이 담겨 있었습니다. 그는 자기 상태에 만족하지 않았고, 더 나아지고 싶어 했습니다. 그러나 그가 말한 부족함은 하나님과의 거리라기보다, 스스로 세워 놓은 기준과의 거리처럼 느껴졌습니다.

사람은 신앙 안에서 자신만의 목표를 만듭니다. 어느 정도 기도하면 괜찮은지, 어느 정도 헌신하면 믿음 있는 사람인지, 어느 정도 알면 성숙한 신앙인인지 그리고 그 기준에 맞추어 자신을 점검합니다. 오늘 나는 충분히 했는지, 아직 부족한지, 더 올라가야 할 단계가 남아 있는지 스스로 묻습니다. 신앙은 점점 만남의 시간이 아니라 관리의 시간이 됩니다.

이 마음은 교회 안에서 더 쉽게 강화됩니다. 누군가는 간증을 하고, 누군가는 변화된 삶을 이야기하고, 누군가는 큰 결단의 순간을 나눕니다. 우리는 그 이야기를 들으며 은혜를 받습니다. 동시에 자신을 비교합니다. 나는 저만큼은 아닌 것 같고, 아직 저 정도는 못 간 것 같다고 느낍니다. 신앙의 이야기는 위로가 되지만 어느 순간부터는 자신을 평가하는 기준이 됩니다.

예수님께서는 제자들에게 이렇게 말씀하셨습니다. "너희는 먼저 그의 나라와 그의 의를 구하라"(마 6:33). 이 말씀은 성취의 양을 묻기보다 시선을 묻는 말로 들립니다. 무엇을 얼마나 했는지 보다, 지금 무엇을 바라보고 있는지를 먼저 묻습니다. 그러나 사람은 이 말씀조차 또 하나의 과제로 바꿉니다. 하나님의 나라를 구하는 일도 성취 항목처럼 다루게 됩니다.

영적 성취 욕망은 겉으로 보면 건강해 보입니다. 게으르지 않고, 타협하지 않으며 자기 발전을 포기하지 않는 태도처럼 보입니다. 그러나 그 욕망이 깊어질수록 사람은 하나님보다 자기 자신을 더 자주 바라봅니다. 지금 나는 어떤 사람인가, 얼마나 성장했는가, 아직 부족한가, 어디까지 왔는가. 질문의 중심이 점점 나에게로 이동합니다.

어느 순간부터 사람은 하나님 앞에서 기도하기보다 보고합니다. 오늘 나는 이것을 했고, 저것을 했고, 아직 이것은 부족합니다. 기도는 고백이 아니라 점검이 됩니다. 신앙은 관계의 언어보다 관리의 언어에 가까워집니다. 하나님은 만나는 분이기보다, 나의 상태를 확인해 주는 분처럼 느껴집니다.

영적 성취 욕망 이후의 자리는 이 지점에서 시작됩니다. 더 올라가야 할 자리가 아니라 멈춰 서야 할 자리입니다. 더 나아지기 위한 질문이 아니라 지금 내가 어디에 서 있는지를 묻는 자리입니다. 하나님 앞에서 더 잘 믿는 사람이 되기 전에 그냥 서 있는 사람으로 남아 있는 자리입니다.

예수님께서 제자들을 부르실 때 기준을 제시하지 않으셨습니다. 먼저 준비하라고 하지 않으셨고, 더 나아진 뒤에 오라고 하지 않으셨습니다. 다만 이렇게 말씀하셨습니다. "나를 따라오라"(마 4:19). 이 말씀은 어디까지 왔느냐를 묻는 것이 아니었습니다. 앞으로 누구와 함께 갈 것이냐를 묻는 것이었습니다.

영적 성취 욕망 이후의 자리는 특별한 깨달음이 있는 자리가 아닐 수 있습니다. 성과도 없고, 변화도 확인되지 않는 자리입니다. 다만 하나님 앞에 그대로 서 있는 자리입니다. 자신을 평가하지 않고, 자신을 증명하지 않으며, 자신을 설명하지 않는 자리입니다.

그 자리에서 신앙은 조용해집니다. 무엇을 해야 할지가 아니라 어디에 머물러야 할지가 남습니다. 더 나은 사람이 되기 위한 신앙이 아니라 더 이상 나아지지 않아도 하나님 앞에 서 있을 수 있는 신앙입니다. 영적 성취 욕망 이후의 자리는 그렇게 다시 하나님 앞에 서 있는 존재로 돌아오는 자리입니다.

자라게 하시는 분을 신뢰하기

우리는 신앙 안에서도 자연스럽게 성장을 말합니다. 더 깊어져야 하고, 더 성숙해져야 하며 지금보다 나아져야 한다고 생각합니다. 이 말은 처음에는 건강하게 들립니다. 정체되지 않기 위해, 타협하지 않기 위해, 계속 배우고 변화하기 위해 필요한 태도처럼 느껴집니다. 그러나 어느 순간부터 사람은 하나님을 만나는 존재라기보다 계속 발전해야 하는 존재가 됩니다.

현대 사회는 거의 모든 영역을 성장의 언어로 설명합니다. 회사에서는 성과를 요구하고, 학교에서는 성적을 강조하며, SNS에서는 반응과 숫자가 중요해집니다. 삶은 늘 어제보다 오늘, 오늘보다 내일을 향해 가야 한다는 메시지를 줍니다. 이 구조 속에서 사람은 자신을 하나의 관리 대상처럼 다루게 됩니다. 얼마나 달라졌는지, 얼마나 발전했는지 얼마나 나아졌는지가 스스로를 평가하는 기준이 됩니다.

신앙도 이 흐름에서 벗어나지 않습니다. 우리는 하나

님과의 관계를 말하면서도 동시에 신앙의 상태를 수치처럼 생각합니다. 기도 시간은 늘었는지, 말씀을 더 이해하게 되었는지, 예전보다 덜 흔들리는 사람인지 스스로 점검합니다. 신앙은 관계보다 그래프에 가까워지고, 사람은 하나님 앞에 서기보다 자신이 만든 성장표 위에 서서 위치를 확인합니다.

이때부터 신앙은 만남보다 관리에 가까워집니다. 하나님을 향한 질문보다 나 자신을 향한 점검이 먼저 나옵니다. 지금 나는 충분히 자라고 있는지, 아직 부족한 부분은 무엇인지, 다른 사람들보다 뒤처진 것은 아닌지 계속 확인합니다. 신앙은 하나님을 바라보는 시간이 아니라 자신을 측정하는 시간이 됩니다.

성경 속 인물들의 이야기는 이런 흐름과 다릅니다. 아브라함은 늙어서도 여전히 흔들렸고, 모세는 지도자가 된 이후에도 두려워했으며, 베드로는 제자가 된 뒤에도 반복해서 실패했습니다. 그들의 삶은 위로 올라가는 곡선이 아니라 다시 돌아오는 걸음에 가깝습니다. 더 나아지는 사람의 기록이라기보다 계속 부름을 다시 듣는 사람의 기록입니다.

예수님께서는 제자들에게 이렇게 말씀하셨습니다. "너희가 돌이켜 어린아이들과 같이 되지 아니하면 결단

코 천국에 들어가지 못하리라"(마 18:3). 이 말씀은 더 성숙해지라는 의미보다는 더 낮아지라는 요청입니다. 더 많이 아는 사람이 되기보다 다시 모르는 사람으로 서라는 초대처럼 들립니다. 우리의 신앙의 방향은 점점 더 단순해지는 길이어야 합니다.

성장 신화가 만들어 내는 가장 큰 불안은 시선을 끊임없이 자기 자신에게 돌린다는 점입니다. 지금 나는 어떤 상태인가, 얼마나 변했는가, 아직 부족한가. 질문은 많아지지만 하나님을 바라보는 시간은 줄어듭니다. 신앙은 하나님을 향한 삶이 아니라 나를 점검하는 삶으로 바뀝니다.

성장이 사라진 자리에 남는 것은 퇴보가 아닙니다. 관계입니다. 더 나아진 내가 아니라 지금 그대로의 나로 하나님 앞에 서 있는 시간입니다. 특별한 변화가 없어도, 눈에 띄는 진전이 없어도, 여전히 하나님 앞에 머무를 수 있다는 감각입니다. 성장하지 않아도 관계는 유지됩니다.

성장 신화에서 벗어난다는 것은 더 이상 배우지 않겠다는 뜻이 아닙니다. 자신을 증명하지 않아도 배우고, 자신을 평가하지 않아도 머물 수 있는 자리로 돌아가는 일입니다. 더 나아져야 하나님이 가까워지는 것이 아니라 지금 여기에서도 하나님은 이미 가까이 계십니다.

신앙은 발전 프로젝트가 아니라 동행의 시간입니다. 어디까지 왔는지를 따지기보다 여전히 함께 걷고 있는지를 확인하는 시간입니다. 성장하지 않아도 괜찮은 자리에 서는 순간, 사람은 처음으로 신앙이 자신을 밀어붙이지 않고, 자신을 붙들고 있다는 느낌을 받게 합니다.

주님의 뜻 안에서 누리는 형통

사람은 누구나 잘 되고 싶어 합니다. 성도들도 마찬가지입니다. 신앙적으로 더 깊어지고 싶고, 더 성숙해지고 싶고, 예전보다 나아진 사람이 되고 싶어 합니다. 처음에는 이 마음이 아주 건강하게 느껴집니다. 정체되지 않기 위해, 대충 살지 않기 위해, 하나님을 더 진지하게 대하고 싶어서 생기는 마음처럼 보입니다.

문제는 이 마음이 어느 순간부터 방향이 바뀔 때입니다. 하나님을 만나고 싶어서 신앙생활을 하는 것인지, 신앙생활을 통해 더 나은 사람이 되고 싶은 것인지 구분이 흐려집니다. 신앙은 관계보다 성장의 도구처럼 보이고, 사람은 하나님 앞에 서기보다 스스로를 점검하는 자리에 서게 됩니다.

현대 사회는 거의 모든 영역을 성장의 언어로 설명합니다. 회사에서는 성과를 말하고, 학교에서는 성적을 말하며, SNS에서는 변화와 발전을 보여 주어야 합니다. 삶은 늘 어제보다 오늘, 지금보다 다음 단계를 요구합니다. 이 구조 안에서 사람은 자신을 하나의 프로젝트처럼 관리합니다. 얼마나 달라졌는지, 얼마나 나아졌는지가 삶의 가치처럼 느껴집니다.

신앙도 이 흐름에서 벗어나지 않습니다. 우리는 하나님과의 관계를 말하면서도 동시에 자신의 상태를 수치처럼 생각합니다. 기도를 얼마나 했는지, 말씀을 얼마나 이해하게 되었는지, 예전보다 덜 흔들리는 사람인지 계속 확인합니다. 신앙은 만남보다 그래프에 가까워지고, 시선은 하나님보다 나 자신에게 더 오래 머뭅니다.

이때부터 신앙은 사람을 살리기보다 사람을 압박합니다. 오늘도 충분히 했는지, 아직 부족한 것은 무엇인지, 남들보다 뒤처진 것은 아닌지 끊임없이 점검합니다. 질문은 많아지지만, 그 질문들은 대부분 하나님을 향하지 않습니다. 신앙은 하나님을 만나는 시간이 아니라 나를 평가하는 시간이 됩니다.

성경 속 인물들의 모습은 이 흐름과 다릅니다. 아브라함은 나이가 들어서도 흔들렸고, 모세는 지도자가 된 이후에도 두려워했으며, 베드로는 제자가 된 뒤에도 계속 넘어졌습니다. 그들의 삶은 점점 더 잘되는 사람의 기록이 아니라 계속 다시 돌아오는 사람의 기록에 가깝습니다. 발전보다 반복, 성취보다 의존에 가까운 삶입니다.

잘 되고 싶다는 마음은 결국 사람을 자기 자신에게 묶어 둡니다. 하나님을 바라보는 대신, 끊임없이 자신을 바라보게 만듭니다. 신앙은 하나님께 나아가는 길이 아니라 나를 개선하기 위한 과정처럼 보이기 시작합니다.

그러나 신앙은 원래 발전의 이야기가 아니라 동행의 이야기입니다. 어디까지 왔느냐보다, 여전히 함께 걷고 있느냐가 더 중요합니다. 눈에 띄는 변화가 없어도, 특별한 성취가 없어도, 하나님 앞에 머물 수 있는 자리. 성장하지 않아도 관계는 끊어지지 않는다는 감각, 그 지점에서 신앙은 처음으로 긴장을 풀고 숨을 쉽니다.

잘 되고 싶다는 마음이 사라진 자리에 남는 것은 포기가 아닙니다. 더 나아져야만 하나님이 가까워지는 것이 아니라 지금 그대로의 나에게도 하나님은 이미 가까이 계십니다. 그 사실을 받아들이는 순간, 신앙은 사람을 밀어붙이는 힘이 아니라 사람을 붙드는 자리로 옮겨갑니다.

멈춤 속에서 만나는 하나님

신앙 안에서 바쁨은 언제나 미덕처럼 여겨집니다. 무엇인가 하고 있는 사람, 맡은 역할이 많은 사람, 늘 교회 일정에 참여하는 사람은 자연스럽게 '열심 있는 신앙인'으로 인식됩니다. 반대로 아무것도 하지 않는 시간은 쉽게 불안해집니다. 쉬고 있으면 게으른 것 같고, 빠져 있으면 뒤처진 것 같으며, 아무 역할이 없으면 신앙이 느슨해진 것처럼 느껴집니다.

그래서 사람은 점점 쉼보다 사역에 더 익숙해집니다. 기도보다 준비가 많아지고, 묵상보다 회의가 많아지며, 하나님 앞에 머무는 시간보다 사람들 사이에 서 있는 시간이 늘어납니다. 처음에는 섬기고 싶어서 시작한 일들이, 어느 순간부터는 멈추지 못해서 계속하게 됩니다. 신앙은 관계였지만, 점점 일정표가 됩니다.

이 구조는 현대 사회에서도 낯설지 않습니다. 심리학에서는 이를 '과잉 적응(over-adaptation)'이라고 부릅니다. 사람은 불안을 느낄수록 더 많은 역할을 맡고, 더 많은 일을 하며 자신이 필요한 존재라는 감각을 유지하려 합니다. 바쁠 때는 괜찮은데, 멈추는 순간 허전함이 밀려오고, 그 허전함을 다시 활동으로 덮어 버립니다. 일은 많아지지만, 자신과 만나는 시간은 점점 줄어듭니다.

신앙 안에서도 이 패턴은 거의 동일하게 반복됩니다. 쉬는 시간이 주어지면 오히려 마음이 불편해집니다. '이 시간에 뭔가 해야 하지 않나', '기도라도 더 해야 하지 않나' 아무것도 하지 않고 하나님 앞에 가만히 있는 자리가 어색해집니다. 나는 하나님과 함께 있는 사람이 아니라 하나님을 위해 계속 움직이는 사람처럼 살아갑니다.

예수님은 제자들에게 이렇게 말씀하셨습니다. "수고하고 무거운 짐 진 자들아 다 내게로 오라 내가 너희를 쉬게 하리라"(마 11:28). 이는 더 열심히 하라는 초대가 아니라 멈추라는 부르심입니다. 짐을 더 얹어야 하는 자리에서 내려놓는 자리로 오라는 초대입니다.

그러나 우리는 이 말씀을 읽으면서도 여전히 '어떻게 더 잘 섬길 것인가'를 먼저 생각합니다. 쉼은 목적이 아니라 다시 일하기 위한 준비 단계처럼 취급됩니다. 이 지점에서 자연스럽게 이런 질문이 떠오릅니다. 과연 교회는 신앙을 쉬게 하는 공간인가, 아니면 신앙을 더 바쁘게 만드는 공간인가.

많은 교회에서 성도의 신앙을 판단하는 가장 빠른 기준은 '얼굴이 보이는가'입니다. 예배에 꾸준히 나오는지, 소그룹에 참여하는지, 봉사에 이름이 올라 있는지 삶의 상태나 내면의 변화보다 교회 안에서의 활동성이 신앙의 첫 번째 지표가 됩니다. 예배만 드리고 바로 돌아가는 성도는 어딘가 부족한 신앙인처럼 보이고, 여러 사역을 맡고 있는 성도는 자연스럽게 믿음이 좋은 사람으로 인식됩니다.

이 구조를 두고 한 목회자는 이런 이야기를 한 적이 있었습니다. 교회 안에서는 늘 봉사에 빠지지 않고, 모임에도 성실히 참석하는 성도가 있었는데, 정작 직장에서는 반복해서 갈등을 일으키고, 가족과의 관계는 늘 긴장 속에 있으며, 삶 전체에서는 신앙의 흔적이 거의 보이지 않았다는 것입니다.

반대로 교회에서는 조용히 예배만 드리고 돌아가는 성도가 있었는데, 삶의 현장에서는 성실하고 책임감 있게 살아가며, 주변 사람들에게 신뢰를 받는 사람이었다고 합니다.

그 목회자는 교회 안에서 무엇을 하고 있는가보다, 교회 밖에서 어떤 사람으로 살아가고 있는지가 신앙을 더 정확하게 보여 준다고 말했습니다. 교회 활동이 많다고 해서 신앙이 깊다고 말할 수는 없고, 교회에서 눈에 잘 띄지 않는다고 해서 믿음이 약하다고 판단할 수도 없다는 말이었습니다.

이 말은 오늘날 교회의 구조를 정확하게 조명합니다. 우리는 신앙을 말할 때 교회 안의 모습은 세밀하게 보지만 삶 전체는 상대적으로 덜 묻습니다. 그래서 누군가는 예배와 봉사에는 성실하지만, 삶의 현장에서는 신앙과 분리된 사람처럼 살아갑니다. 교회 안에서는 열심인데, 교회 밖에서는 신앙이 잘 보이지 않는 삶의 분리는 많은 성도들에게 너무 익숙한 풍경입니다.

쉬면 불안해지는 신앙의 핵심은 헌신이 아니라 정체성의 문제입니다. 나는 누구인가를 묻기보다, 나는 무엇을 하고 있는가로 나를 설명합니다. 역할이 곧 나 자신이 되고, 역할이 사라지면 나도 사라지는 것처럼 느껴집니다. 하나님 앞에 있는 나보다, 교회 안에서 기능하는 내가 더 익숙해집니다.

이 구조를 벗어난다는 것은 사역을 그만두라는 뜻이 아닙니다. 아무것도 하지 않아도 하나님 앞에 설 수 있는 자신을 다시 회복하는 일입니다. 예배만 드려도 충분한 사람, 봉사가 없어도 여전히 사랑받는 존재라는 감각을 다시 배우는 과정입니다.

쉬어도 괜찮다는 믿음이 생길 때, 사역은 제자리를 찾습니다. 증명을 위한 활동이 아니라 관계에서 흘러나오는 움직임이 됩니다. 하나님을 위해 바쁘게 사는 사람이 아니라 하나님과 함께 머무는 사람으로 서게 됩니다. 그때 신앙은 나를 밀어붙이지 않고, 나를 살리는 방향으로 움직입니다.

자격 없는 내게 주신 선물

사람은 어느 순간부터 자신에 대해 이런 질문을 하기 시작합니다. '나는 잘 믿고 있는 사람인가.' 이 질문은 겉으로 보면 아주 경건해 보입니다. 그러나 조금만 들여다보면, 이 질문 안에는 이미 방향이 바뀐 신앙이 숨어 있습니다. 하나님을 향해 가고 있는지를 묻기보다, 지금 내가 어느 정도 수준에 와 있는지를 먼저 따지게 되는 질문이기 때문입니다. 신앙은 관계인데, 어느새 상태가 되고, 길이었는데, 점수가 됩니다.

'잘 믿는 사람'이라는 이미지는 생각보다 구체적입니다. 예배를 빠지지 않고, 기도도 꾸준히 합니다. 말씀도 어느 정도 알고 있고, 교회 안에서 맡은 역할도 있습니다. 말투는 부드럽고, 신앙적인 표현에도 익숙합니다. 이런 요소들이 쌓이면 사람은 자연스럽게 스스로를 이렇게 인식합니다. '나는 그래도 믿음이 있는 편이야.'

심리학에서는 이런 상태를 Self-righteousness라고 부릅니다. 직역하면 '스스로를 의롭다고 느끼는 마음'입니다. 이것은 남을 비난하겠다는 태도라기보다, 자기 자신에 대해 이미 어느 정도 만족하고 있는 상태를 가리킵니다. 나는 큰 문제는 없고, 적어도 평균 이상은 하고 있으며, 굳이 다시 흔들릴 필요는 없다는 감각입니다. 신앙이 더 이상 갈망이 아니라 안정이 되는 순간입니다.

이 개념을 가장 잘 보여 주는 장면은 의외로 아주 일상적입니다. 한 직장인이 있습니다. 그는 교회에서도 성실하고, 직장에서도 책임감 있는 사람으로 평가받습니다. 큰 문제없이 살아왔고, 신앙적으로도 특별히 부끄러울 것이 없습니다. 그런데 어느 날, 설교 중에 이런 말이 나왔습니다. "여러분은 정말 하나님을 필요로 하고 있습니까, 아니면 하나님 없이도 잘 살고 있습니까."

그 순간 그는 불편해졌습니다. 마음속에서 이런 솔직한 고백이 올라왔습니다. '나는 굳이 그렇게 절박하지는 않은데.' 그는 신앙을 부정한 적도 없었고, 교회를 떠날 생각도 없습니다. 다만 이미 자기 삶이 어느 정도 안정되어 있기 때문에 하나님을 '절실히 필요로 하는 상태'로 다시 돌아가고 싶지 않습니다.

이미 괜찮은 사람으로 살아가고 있기 때문입니다. 이때 신앙은 더 이상 찾는 관계가 아니라 유지하는 구조가 됩니다. 나는 하나님께 무엇을 듣고 있는가보다, 내가 얼마나 괜찮은 사람으로 보이고 있는가를 더 신경 씁니다.

기도는 간절함이 아니라 안정의 도구가 되고, 말씀은 만남이 아니라 자기 확인의 기준이 됩니다. 나는 하나님 앞에서 서 있는 사람이 아니라 하나님 앞에서 나 자신을 점검하는 사람이 됩니다. 신앙은 방향이 아니라 상태가 되고, 질문이 아니라 점검이 됩니다.

교회 안에서도 이런 장면은 흔합니다. 어떤 성도는 늘 성실하고, 말도 조심스럽고, 신앙적인 언어에 익숙합니다. 주변 사람들은 자연스럽게 그를 믿음이 좋은 사람으로 인식합니다. 그러나 그 사람 자신은 점점 이런 마음을 갖게 됩니다. 이제는 흔들리고 싶지 않고, 질문하고 싶지 않으며, 약해 보이고 싶지 않습니다. 이미 '잘 믿는 사람'이라는 이미지가 생겼기 때문입니다. 그 이미지를 깨뜨릴 용기가 점점 사라집니다.

자기 의의 문제는 교만이 아니라 정지입니다. 나는 틀렸다고 느끼지 않기 때문에, 더 이상 묻지 않습니다. 나는 괜찮다고 느끼기 때문에 더 이상 하나님 앞에 나 자신을 열어 놓지 않습니다. 신앙은 살아 있는 관계가 아니라 관리되는 이미지가 됩니다.

예수님께서 가장 자주 부딪히신 사람들도 바로 이 지점에 서 있던 이들이었습니다. 바리새인들은 신앙적으로 실패한 사람들이 아니라 오히려 성공한 사람들이었습니다. 말씀을 알고 있었고, 삶도 정돈되어 있었으며, 공동체 안에서 존경받는 위치에 있었습니다.

그러나 예수님께서는 그들을 향해 "회개하라"기보다, "너희는 이미 안다고 생각한다"는 점을 문제 삼으셨습니다. 그들은 더 이상 찾는 사람이 아니라 이미 도착해 있다고 믿는 사람들이었기 때문입니다.

'잘 믿는 사람'이라는 생각은 결국 신앙을 멈추게 합니다. 멈춘다는 것은 교회를 떠난다는 뜻이 아니라 질문이 멈춘다는 뜻입니다. 더 이상 하나님 앞에서 자신을 열어 놓지 않고, 이미 정해진 모습 안에서 자신을 유지하려는 태도입니다. 신앙은 모험이 아니라 유지 관리가 되고, 만남이 아니라 이미지가 됩니다.

이 생각을 내려놓는다는 것은 자신을 낮추겠다는 선언이 아닙니다. 오히려 다시 미완성의 자리로 돌아가는 선택에 가깝습니다. 나는 아직도 모르는 것이 많고, 여전히 흔들리며, 여전히 배워야 하는 사람이라는 사실을 받아들이는 일입니다. '잘 믿고 있다'는 감각을 내려놓는 순간, 신앙은 다시 움직이기 시작합니다.

신앙은 잘하고 있는지를 증명하는 삶이 아니라 계속 찾고 있는지를 묻는 삶입니다. 이미 괜찮은 사람으로 서 있는 것이 아니라 여전히 하나님 앞에 열려 있는 사람으로 서 있는 것, '잘 믿는 사람'이라는 생각이 사라질 때, 신앙은 더 이상 나를 평가하지 않습니다. 그 자리에 남는 것은, 이미 도착한 존재가 아니라 여전히 부름 속에 서 있는 나 자신입니다.

부르심 안에 머무는 삶

신앙의 마지막 자리는 언제나 '더 이루는 자리'가 아니라 '머무는 자리'입니다. 하나님은 사람을 성취의 끝으로 부르지 않으시고, 관계의 깊이로 부르십니다. 무엇을 했는가보다, 누구와 함께 있었는가가 삶의 방향을 결정합니다. 신앙은 결과로 평가되기보다, 관계 속에서 형성됩니다.

우리는 흔히 하나님의 뜻을 '해야 할 일'로 이해하지만, 성경에서 부르심은 대부분 '되어야 할 상태'로 나타납니다. 아브라함은 무엇을 성취하라는 명령보다 "너는 내 앞에서 행하여 완전하라"는 부르심을 받았고, 제자들은 사역 이전에 먼저 예수와 함께 있으라는 초대를 받았습니다. 하나님은 일을 맡기기 전에 먼저 사람을 부르시고, 사명을 주기 전에 먼저 관계 안으로 들이십니다.

부르심 안에 머문다는 것은 삶의 긴장을 내려놓는 연습입니다. 더 증명하려 하지 않고, 더 설득하려 하지 않고, 더 설명하지 않아도 되는 자리로 돌아오는 것입니다. 사람들 앞에서 자신을 유지하느라 지쳤던 에너지를 내려놓고, 하나님 앞에서 굳이 괜찮은 사람처럼 서지 않아도 되는 자유를 받아들이는 것입니다. 그 자리에서 신앙은 과제가 아니라 관계가 되고, 순종은 부담이 아니라 신뢰가 됩니다.

우리는 종종 하나님 앞에서도 무엇인가를 보여 주려 합니다. 성실한 사람, 믿음이 좋은 사람, 흔들리지 않는 사람으로 서고 싶어 합니다. 그러나 부르심의 자리는 그런 이미지를 내려놓는 자리입니다. 하나님은 우리가 어떤 모습으로 유지되고 있는지를 보시기보다, 어떤 마음으로 머물고 있는지를 보십니다.

성취를 넘어 안식으로 나아간다는 것은 결국, 하나님 앞에서 '역할'이 아니라 '존재'로 서는 법을 배우는 일입니다. 나는 무엇을 이루어야 사랑받는 사람이 아니라, 이미 불러 주신 그 자체로 머물 수 있는 사람임을 받아들이는 자리입니다. 그때 비로소 삶은 성과가 아니라 은혜의 리듬으로 흘러가기 시작합니다.

부르심 안에 머무는 삶은 특별한 능력을 요구하지 않습니다. 다만 도망치지 않는 태도를 요구합니다. 스스로를 증명하려는 마음에서 도망치지 않고, 부족함을 감추려는 습관에서 도망치지 않고, 있는 그대로 하나님 앞에 서는 용기를 배우는 것입니다. 그 자리에 오래 머물수록 사람은 더 잘 사는 법이 아니라 더 깊이 쉬는 법을 배우게 됩니다.

Part 4
겸손의 빛 아래서

겸손의 빛 아래서 우리의 주권을 주님께 이양하는 훈련을
다룹니다.
하나님의 뜻을 나의 결정을 정당화하는 도구로 쓰는 것이
아니라 겸손히 묻고 기다리는 관계의 언어로 회복하는
과정입니다.

낮은 곳으로 흐르는 은혜

교회의 직분은 본래 섬김의 이름으로 주어집니다. 더 책임지라는 뜻이고, 더 짊어지라는 의미이며, 더 먼저 무너지라는 요청입니다. 직분은 올라가라는 초대가 아니라 더 깊이 내려오라는 부름입니다. 그러나 시간이 흐르면서 이 이름은 조금씩 다른 얼굴을 갖게 됩니다. 섬김의 자리라기보다 위치처럼 느껴지고, 무게라기보다 자리처럼 인식되며, 부담이라기보다 권한처럼 받아들여지기 시작합니다. 직분은 사람을 돕기 위해 만들어졌지만, 어느 순간부터 사람 위에 서는 구조로 굳어집니다.

이 변화는 아주 조용하게 일어납니다. 처음부터 누구도 계급을 만들려 하지 않습니다. 다만 편의상 역할을 나누고, 질서를 위해 구분을 세우며, 책임을 명확히 하기 위해 이름을 붙입니다. 그러나 그 이름이 오래 반복되면, 사람은 점점 그 이름으로 불리기 시작하고, 그 이름이 곧 그 사람의 위치처럼 느껴집니다. 직분은 더 많이 일하라는 요청이었지만, 현실에서는 더 많이 말할 수 있는 자리가 되고, 더 많이 섬기라는 뜻이었지만, 점점 더 판단할 수 있는 위치가 됩니다.

그래서 교회 안에는 보이지 않는 높낮이가 생깁니다. 누가 누구에게 말할 수 있는지, 누가 누구를 평가할 수 있는지, 누가 먼저 의견을 내고, 누가 나중에 따라야 하는지가 자연스럽게 정해집니다. 직분은 질서를 위한 장치였지만, 어느 순간부터는 위계를 만드는 구조로 작동합니다. 더 오래 섬겼다는 이유로 더 위에 서게 되고, 더 많이 헌신했다는 이유로 더 많이 결정하게 되며, 더 많은 역할을 맡았다는 이유로 더 쉽게 옳고 그름을 말하게 됩니다.

이 구조는 저에게도 낯선 이야기가 아니었습니다. 지금의 신앙 자리에 오기 전, 저는 한때 대형교회에서 비교적 높은 직분을 맡아 신앙생활을 한 적이 있습니다. 그곳에서 저는 직분이 단순한 역할이 아니라 사실상 하나의 '위치'처럼 작동하는 현실을 몸으로 경험했습니다. 말할 수 있는 범위, 결정에 참여할 수 있는 정도, 심지어 신앙적 발언의 무게까지도 직분에 따라 달라지는 구조 속에 놓여 있었습니다. 그때 저는 그것이 당연한 질서라고 생각했지만, 시간이 지나 돌아보니 그 구조 안에서 저는 섬기는 사람이기보다 점점 비판하는 사람으로 서 있었습니다.

문제는 이 구조가 신앙 안에서도 너무 자연스럽게 받아들여진다는 데 있습니다. 직분이 높아질수록 사람은 더 조심스러워지기보다, 오히려 더 확신에 찬 언어를 사용하게 됩니다. 더 많이 알고, 더 오래 있었고, 더 많은 경험을 했기 때문에 자신이 기준이 된 것처럼 느끼게 됩니다. 그러나 그 순간부터 직분은 섬김의 무게가 아니라 판단의 권력이 됩니다. 사람을 세우기 위해 주어진 자리가, 사람을 누르는 구조로 바뀌는 것입니다.

종교적 권위가 굳어질 때, 가장 먼저 사라지는 것은 질문입니다. 위에 있는 사람일수록 묻기보다 말하게 되고, 듣기보다 설명하게 되며, 함께 고민하기보다 결론을 내려줍니다. 신앙은 더 이상 함께 서 있는 관계가 아니라 위에서 아래로 전달되는 구조가 됩니다. 하나님 앞에서 모두가 같은 위치에 서 있다는 감각은 사라지고, 누군가는 가르치는 사람, 누군가는 따라야 하는 사람으로 나뉩니다. 신앙은 점점 관계가 아니라 전달 체계가 됩니다.

그러나 신앙에서 권위가 다시 제자리를 찾는 순간은 전혀 다른 방향에서 시작됩니다. 그때 직분은 다시 계급이 아니라 무게가 되며, 올라간 만큼 더 내려와야 합니다. 높아진 만큼 더 조용해지며 많이 말할수록 더 묻게 되고, 많이 알수록 오히려 더 모른다고 말할 수 있는 자리가 됩니다. 권위는 중심에 서는 힘이 아니라 가장자리로 이동할 수 있는 용기가 됩니다.

종교적 권위의 해체는 권위를 부정하자는 말이 아닙니다. 오히려 권위가 다시 책임의 자리로 돌아오게 하자는 요청입니다. 더 위에 서는 권위가 아니라 더 많이 짊어지는 권위, 더 많이 말하는 권위가 아니라 더 오래 침묵할 수 있는 권위, 더 쉽게 판단하는 권위가 아니라 더 늦게 결론을 내리는 권위입니다.

그 자리에서 직분은 특권이 아니라 짐이 되고, 권위는 힘이 아니라 무게가 됩니다. 그리고 그 무게를 감당할 수 있을 때, 신앙은 비로소 다시 수직의 구조가 아니라 모두가 하나님 앞에 나란히 서 있는 자리로 돌아옵니다. 사람 위에 서 있는 신앙이 아니라 하나님 앞에 함께 서 있는 신앙, 즉 종교적 권위의 착각이 벗겨지는 순간 교회는 처음으로 권력의 조직이 아니라 다시 공동체로 숨을 쉽니다.

참된 섬김의 자리 찾기

　지도자는 언제부터인가 하나의 사람이 아니라 하나의 이미지가 되었습니다. 잘 말해야 하고, 흔들리지 않아야 하며, 언제나 방향을 알고 있어야 하고, 감정은 조절된 상태로 유지되어야 하는 존재. 지도자는 더 이상 살아 있는 사람이 아니라 기대되는 모습에 맞추어 서 있는 사람처럼 여겨집니다. 질문을 던지는 사람이라기보다 답을 가지고 있는 사람으로, 함께 고민하는 사람이라기보다 정리해 주는 사람으로 요청받습니다.

　이 이미지는 강요라기보다 기대 속에서 만들어집니다. 누군가를 책임지는 자리에 서게 되면, 사람들은 그에게 안정감을 바랍니다. 불안한 상황에서 흔들리지 않는 말, 복잡한 문제 앞에서 단정한 결론, 갈등 속에서도 감정을 드러내지 않는 태도, 즉 지도자는 점점 사람을 편안하게 해 주는 존재로 역할이 고정됩니다. 그러나 그 편안함이 오래 반복될수록 지도자 자신은 점점 자기 상태를 말할 수 없는 사람이 됩니다.

지도자 이미지의 가장 큰 특징은 항상 괜찮아 보여야 한다는 압박입니다. 힘들어도 힘들다고 말하지 못하고, 모르는 것이 있어도 모른다고 말하기 어렵습니다. 질문을 던지기보다 답을 만들어야 하고, 기다리기보다 방향을 제시해야 합니다. 그래서 지도자는 점점 자기 상태를 느끼는 사람이라기보다, 자기 상태를 관리하는 사람이 됩니다. 존재로 서기보다 기능으로 살아가는 사람이 됩니다.

이 구조는 신앙 안에서도 거의 동일하게 작동합니다. 목회자든, 리더든, 오래 신앙생활을 한 사람이든, '지도자'라는 위치에 서는 순간부터 사람들은 그에게 영적 안정성을 기대합니다. 기도가 흔들린다는 말보다는 기도 방법을 알려 주길 원하고, 신앙이 공허하다는 고백보다는 공허를 이기는 메시지를 듣고 싶어 합니다. 지도자는 하나님 앞에 서 있는 사람이라기보다, 하나님에 대해 설명하는 사람이 됩니다.

문제는 이 이미지가 지도자 자신을 가장 먼저 고립시킨다는 데 있습니다. 사람들은 그를 의지하지만, 그는 의지할 자리를 잃습니다. 사람들은 그의 말을 듣지만, 그의 말은 점점 자기 안으로 돌아오지 않습니다. 지도자는 많은 사람 속에 있지만, 정작 자기 상태를 말할 공간

은 사라집니다. 신앙은 깊어지기보다, 더 정제된 형태로
만 유지됩니다.

지도자 이미지의 해체는 리더십을 포기하자는 말이
아닙니다. 오히려 리더십을 다시 인간의 자리로 돌려놓
는 일에 가깝습니다. 항상 강한 사람으로 서기보다, 때
로는 모른다고 말할 수 있는 사람으로 서는 용기. 언제
나 답을 주는 사람보다 함께 질문 앞에 머무를 수 있는
사람으로 서는 선택. 지도자가 먼저 흔들릴 수 있을 때
공동체는 비로소 안전해집니다.

지도자가 인간으로 서는 순간 지도력은 약해지는 것이
아니라 방향이 바뀝니다. 위에서 끌고 가는 힘이 아니라
옆에서 함께 걷는 힘으로. 앞에서 밀어붙이는 구조가 아
니라 옆에서 속도를 맞추는 구조로. 지도자는 이상적인
이미지가 아니라 실제적인 존재가 됩니다. 완성된 모델
이 아니라 함께 길 위에 서 있는 사람, 즉 지도자 이미지
가 사라진 자리에는 하나의 새로운 공간이 생깁니다.

그곳에서는 지도자도 하나님 앞에서 한 사람이고, 공
동체도 모두 같은 위치에 서 있습니다. 누군가는 가르치
고, 누군가는 배우는 구조가 아니라 모두가 동시에 배우
고, 동시에 흔들리는 구조. 그 자리에서 신앙은 다시 역
할이 아니라 관계로 돌아옵니다. 그리고 지도자는 처음

으로 위에 있는 사람이 아니라 함께 있는 사람으로 숨
쉬게 됩니다.

맡김의 기쁨을 배우다

통제는 대개 선한 의도로 시작됩니다. 누군가를 지키고 싶어서, 공동체를 혼란에서 보호하고 싶어서, 신앙이 흐려지지 않도록 붙잡아 주고 싶어서 만들어집니다. 처음에는 규칙이 필요해 보이고, 지도가 필요해 보이며, 누군가는 방향을 제시해야 할 것처럼 느껴집니다. 그래서 사람들은 자연스럽게 누군가에게 묻고, 그 사람의 말에 의존하고, 그의 판단을 신뢰하게 됩니다.

문제는 이 구조가 오래 지속될수록 신앙은 점점 자율의 영역이 아니라 관리의 영역으로 이동한다는 데 있습니다. 무엇을 믿어야 하는지, 어떻게 기도해야 하는지, 어떤 선택이 옳은지도 스스로 묻기보다 누군가의 해석을 먼저 기다리게 됩니다. 처음에는 도움처럼 느껴졌던 안내가, 어느 순간부터는 판단의 기준이 되고, 결국에는 개인의 신앙 감각을 대신하게 됩니다.

이때 통제는 노골적인 강요의 형태로 나타나지 않습니다. 오히려 매우 부드럽고, 신앙적인 언어로 포장됩니다. "지금은 네가 잘 모를 수 있어", "기도하면서 더 분별해야 해", "영적으로 보면 그 선택은 위험해."

이런 말들은 틀리지 않았습니다. 실제로 도움이 될 때도 많습니다. 그러나 이런 말들이 반복될수록 사람은 점점 자기 판단을 신뢰하지 않게 됩니다. 자신의 감정보다 타인의 해석을 먼저 묻게 되고, 자신의 질문보다 공동체의 분위기를 먼저 살피게 됩니다.

영적 통제 구조의 핵심은 사람이 하나님과 직접 만나는 자리보다 누군가를 경유해야만 하나님께 갈 수 있는 구조가 만들어진다는 데 있습니다. 하나님을 찾는 길이 단순해지는 것이 아니라 오히려 복잡해집니다. 기도하기 전에 누군가의 시선을 떠올리게 되고, 선택하기 전에 공동체의 허락을 먼저 계산하게 됩니다. 신앙은 하나님 앞에 서는 일이 아니라 구조 안에 잘 서 있는지가 중요해집니다.

이 구조는 특히 영적으로 민감한 사람들에게 더 강하게 작동합니다. 불안이 많은 사람, 확신이 약한 사람, 상처를 많이 가진 사람일수록 더 쉽게 의존하게 됩니다. 누군가가 대신 결정해 주면 마음이 편해지고, 누군가가 해석해 주면 책임을 덜 느끼게 됩니다. 그래서 통제는 억압이 아니라 안도감의 형태로 스며듭니다. 자유를 빼

앗는 구조가 아니라 자유를 잠시 내려놓게 만드는 구조처럼 느껴집니다.

그러나 시간이 지나면, 사람은 점점 자기 신앙을 느끼지 못하는 존재가 됩니다. 무엇을 믿고 있는지는 알지만, 왜 믿는지는 잘 모르게 되고, 무엇을 해야 하는지는 분명하지만, 왜 그렇게 해야 하는지는 흐려집니다. 신앙은 살아 있는 경험이 아니라 관리되는 시스템이 됩니다. 나는 하나님을 향해 움직이는 사람이 아니라 구조 안에서 안전하게 머무는 사람이 됩니다.

영적 통제 구조가 가장 위험해지는 순간은 그것이 더 이상 질문을 허용하지 않을 때입니다. 의문은 불순한 것으로 취급되고, 다른 해석은 혼란으로 간주되며, 침묵은 불신으로 읽힙니다. 사람은 스스로 묻지 않게 되고, 묻더라도 이미 정해진 답 안에서만 움직입니다. 신앙은 깊어지기보다 단순해지는 대신 굳어집니다.

예수님이 바리새인들을 향해 가장 날카롭게 비판하신 지점도 바로 여기였습니다. 그들은 사람들을 하나님께 인도한다고 생각했지만, 실제로는 하나님께 가는 문을 자신들이 관리하고 있었습니다. 예수님은 그들을 향해 "천국 문을 사람들 앞에서 닫고"(마 23:13)라고 말씀하셨습니다. 그 문은 잠긴 문이 아니라 통제된 문이었습니다. 들어갈 수는 있지만 반드시 누군가를 통과해야만 하는 문이었습니다.

영적 통제 구조의 해체는 무질서를 허용하자는 말이 아닙니다. 오히려 신앙을 다시 사람의 자리로 돌려놓자는 요청입니다. 각자가 하나님 앞에 직접 서는 자리, 누군가의 해석보다 자기 양심을 먼저 듣는 자리, 구조보다 관계가 먼저 작동하는 자리로 돌아가는 일입니다.

통제가 사라진 자리에 남는 것은 혼란이 아니라 책임입니다. 대신 선택해야 하고, 대신 느껴야 하며 대신 하나님 앞에 서야 하는 책임, 그러나 바로 그 책임 속에서 신앙은 다시 살아 움직이기 시작합니다. 관리 받는 신앙이 아니라 스스로 숨 쉬는 신앙, 즉 통제되는 구조가 아니라 하나님과 직접 마주하는 관계입니다. 그 순간 신앙은 더 이상 안전한 틀 안에 머무는 것이 아니라 위험할 만큼 자유로운 길이 됩니다. 그리고 그 자유 속에서 사람은 처음으로 하나님 앞에 관리되는 존재가 아니라 응답하는 존재로 서게 됩니다.

주권자의 손길에 기대기

사람은 불안할수록 무언가를 붙잡고 싶어집니다. 상황이 복잡할수록 기준을 만들고 싶어지고, 마음이 흔들릴수록 확실한 답을 원하게 됩니다. 신앙 안에서도 마찬가지입니다. 하나님을 신뢰한다고 말하지만, 실제로는 하나님보다 상황을 더 두려워하고, 믿음보다 불확실성을 더 견디기 어려워합니다. 그래서 우리는 신앙을 통해 하나님을 맡기기보다, 오히려 삶을 관리하려고 합니다. 이 통제는 아주 일상적인 모습으로 시작됩니다.

자녀가 힘들어할 때, 부모는 먼저 이렇게 말합니다. "기도 많이 해라", "믿음이 약해져서 그런 거다." 이 말들은 틀리지 않습니다. 실제로 도움이 될 때도 많습니다. 그러나 그 말 속에는 한 가지 공통점이 있습니다. 아이의 상태를 충분히 듣기 전에 먼저 상황을 정리하고 있다는 점입니다. 아이는 위로받기보다 관리되는 존재가 되고 맙니다.

비슷한 장면은 직장에서도 반복됩니다. 팀원이 지쳐

있다고 말하면, 누군가는 이렇게 말합니다. "마음가짐이 중요해", "생각을 긍정적으로 바꿔야지." 이 말 역시 틀리지 않았습니다. 그러나 그 말이 너무 빨리 나오면, 사람은 자기감정을 더 말하지 않게 됩니다. 힘든 이유, 지친 맥락, 감정의 깊이는 사라지고, 상황은 하나의 태도 문제로만 정리됩니다.

신앙 통제 욕망은 바로 이런 방식으로 작동합니다. 상대를 돕고 싶어서, 관계를 지키고 싶어서, 분위기를 무겁게 만들고 싶지 않아서 우리는 먼저 정리해 버립니다. 그러나 그 정리는 위로가 아니라 통제에 가깝습니다. 감정을 있는 그대로 두기보다, 신앙적인 언어로 빨리 다듬어 버립니다. 그 순간 신앙은 관계가 아니라 상황을 관리하는 도구가 됩니다.

이 통제 욕망은 결국 자기 자신에게도 향합니다. 나는 불안할 때 기도하기보다, 불안을 느끼지 않는 사람처럼 행동하려 합니다. 흔들릴 때 하나님께 묻기보다, 흔들리지 않는 신앙인처럼 버팁니다. 신앙은 나를 하나님께 데려가기보다, 나를 안정된 상태로 유지하는 장치가 됩니다. 하나님을 맡기는 것이 아니라 하나님을 이용해 나를 통제하는 구조가 만들어집니다.

문제는 이 구조가 깊어질수록, 사람은 자기 삶을 느끼

지 못하게 된다는 데 있습니다. 무엇이 힘든지 보다, 어떻게 버텨야 하는지가 중요해지고, 무엇을 두려워하는지 보다, 어떻게 믿음 있는 모습으로 남을지가 중요해집니다. 신앙은 살아 있는 경험이 아니라 관리되는 상태가 됩니다.

신앙 통제 욕망의 해체는 무질서를 허용하자는 말이 아닙니다. 오히려 삶을 다시 느끼자는 요청에 가깝습니다. 하나님 앞에서 정리된 모습이 아니라 정리되지 않은 상태로 서는 용기. 이해된 감정이 아니라 아직 이름 붙이지 못한 감정을 그대로 들고 서는 연습입니다.

통제를 내려놓는 순간, 삶이 갑자기 쉬워지지는 않습니다. 오히려 더 불안해질 수도 있습니다. 대신 결정해 줄 사람이 없고, 대신 해석해 줄 구조도 사라지기 때문입니다. 그러나 바로 그 자리에서 신앙은 다시 살아 움직이기 시작합니다. 관리되는 믿음이 아니라 책임지는 믿음. 통제된 안정이 아니라 하나님 앞에 직접 서는 자유입니다.

그때 신앙은 더 이상 삶을 정리해 주는 시스템이 아니라 삶을 견디게 하는 관계가 됩니다. 하나님은 문제를 대신 해결해 주는 존재가 아니라 문제 속에 함께 머무는 분으로 다시 느껴집니다. 그리고 사람은 처음으로 신앙

을 통해 삶을 통제하는 존재가 아니라 삶 속에서 하나님
을 만나는 존재로 돌아오게 됩니다.

삶의 모든 순간이 주님의 섭리

"하나님 뜻입니다." 이 말은 신앙 안에서 가장 자주 사용되는 문장 중 하나입니다. 누군가는 선택의 이유로 이 말을 쓰고, 누군가는 관계를 정리할 때 이 말을 꺼내며, 누군가는 갈등을 끝내기 위해 이 말을 사용합니다. 이 문장은 틀리지 않습니다. 실제로 우리는 하나님의 뜻을 분별하며 살아야 합니다. 문제는 이 말이 언제부터인가 질문을 멈추게 하는 언어로 사용되기 시작했다는 데 있습니다.

어느 가정의 이야기를 떠올려 볼 수 있습니다. 자녀가 진로를 두고 고민할 때, 부모는 이렇게 말합니다. "기도해 봤는데, 이건 하나님 뜻이 아닌 것 같아." 부모는 진심으로 자녀를 걱정했고, 자신의 경험을 통해 더 안전한 길을 보여 주고 싶었을 것입니다. 그러나 그 말이 나오자 자녀는 더 이상 자신의 생각을 설명하지 않습니다. 왜 그 길을 가고 싶은지, 무엇이 두려운지, 어떤 마음으로 고민하고 있는지는 말해지지 않습니다. 대화는 멈추고, 결정은 이미 내려진 상태가 됩니다. 하나님의 뜻이라는 말이 관계를 열기보다 관계를 닫게 된 것입니다.

비슷한 장면은 교회 안에서도 반복됩니다. 누군가 새로운 시도를 하려 할 때, 이런 말이 나옵니다. "지금은 때가 아닌 것 같습니다", "기도해 보니 하나님이 막으시는 것 같아요." 이 말들도 역시 틀리지 않았습니다. 실제로 분별이 필요할 때도 많습니다. 그러나 이런 말이 반복될수록 사람들은 점점 자기 생각을 말하기보다 먼저 눈치를 보게 됩니다. 하나님의 뜻이라는 언어는 분별의 도구가 아니라 결정을 고정시키는 장치로 작동합니다.

성경에서도 이 구조는 낯설지 않습니다. 사무엘상 15장에서 사울은 하나님의 명령을 어긴 뒤 이렇게 말합니다. "나는 실로 여호와의 목소리를 청종하여 여호와께서 보내신 길로 가서 아말렉 왕 아각을 끌어 왔고 아말렉 사람들을 진멸하였으나"(삼상 15:20), 그러나 실제로 그는 자신의 판단을 하나님의 뜻으로 포장하고 있었습니다. 사울은 거짓말을 하려 했던 것이 아니라 자신이 옳다고 믿었던 선택을 하나님 이름으로 정당화하고 있었습니다. 그 순간 하나님의 뜻은 순종의 기준이 아니라 자기 결정을 보호하는 언어가 됩니다.

하나님 뜻이라는 말이 가장 위험해지는 순간은 그 말

이 더 이상 묻는 언어가 아니라 결론의 언어가 될 때입니다. 본래 이 말은 "나는 잘 모르겠다"라는 고백에서 시작되어야 합니다. 그러나 현실에서는 "이건 더 이상 토론할 필요가 없다"는 선언처럼 사용됩니다. 하나님의 뜻이라는 말은 대화를 끝내고, 질문을 막고, 감정을 정리해 버립니다.

이 구조가 특히 어려운 이유는, 너무 신앙적으로 보이기 때문입니다. 누구도 반박하기 어렵고, 누구도 다른 의견을 내기 힘들며, 누구도 자기감정을 그대로 말하지 못합니다. 사람들은 하나님을 존중하는 것처럼 보이지만, 실제로는 하나님 이름을 통해 자기 입장을 더 이상 흔들리지 않는 위치에 올려놓고 있는지도 모릅니다.

하나님 뜻이라는 언어의 해체는 하나님의 뜻을 부정하자는 말이 아닙니다. 오히려 하나님의 뜻을 다시 인간의 자리로 돌려놓자는 요청에 가깝습니다. 하나님의 뜻은 우리가 소유할 수 있는 지식이 아니라 우리가 계속 묻고 기다려야 하는 방향입니다. 결론이 아니라 과정이고, 선언이 아니라 탐색입니다.

하나님 뜻이라는 말이 다시 살아나는 것은 그 말이 확신이 아니라 겸손으로 돌아올 때입니다. "이게 하나님의 뜻인지는 잘 모르겠습니다", "아직 더 기도해 보고 싶습니다", "제 생각일 수도 있습니다." 이런 말들 속에서 하나님의 뜻은 다시 권력이 아니라 관계가 됩니다. 그때 신앙은 사람을 누르는 구조가 아니라 사람을 하나님 앞으로 데려가는 길이 됩니다.

하나님의 이름은 더 이상 결정을 고정시키는 도장이 아니라 우리가 감히 함부로 붙이지 못하는 거룩한 질문으로 남게 됩니다. 그리고 그 질문 앞에서 사람은 처음으로 하나님을 이용하는 존재가 아니라 하나님을 기다리는 존재로 서게 됩니다.

드러나지 않는 길을 선택

겸손은 자신을 낮추는 기술이 아니라, 자신을 숨기지 않아도 되는 자유에서 시작됩니다. 사람은 인정받고 싶어질수록 더 많이 드러내고 싶어지지만, 하나님 앞에서의 겸손은 오히려 드러나지 않아도 괜찮아지는 마음에서 자라납니다. 말하지 않아도 불안하지 않고, 설명하지 않아도 사라질 것 같지 않은 상태, 그 조용한 안정감 속에서 겸손은 형성됩니다. 그래서 겸손은 스스로를 작게 만드는 연습이 아니라 더 이상 자신을 증명하지 않아도 되는 내적 자유에 가깝습니다.

성경 속 세례 요한은 한때 매우 드러나는 사람이었습니다. 광야에서 외치는 자로 알려졌고, 많은 사람이 그에게 몰려왔으며 심지어 어떤 이들은 그를 메시아로 오해하기도 했습니다. 그는 분명 영향력을 가지고 있었고, 사람들의 시선 속에 서 있던 인물이었습니다. 그러나 예수가 등장한 이후 상황은 바뀝니다. 제자들이 찾아와 말합니다. "선생님, 사람들이 다 예수께로 갑니다." 그 말

속에는 조급함과 불안이 섞여 있었습니다. 자신의 자리가 사라지고 있다는 감각이었습니다.

우리는 흔히 겸손을 말과 태도의 문제로 생각합니다. 그러나 성경이 말하는 겸손은 선택의 방향에 가깝습니다. 세례 요한의 겸손은 말이 아니라 선택으로 드러났습니다. 그는 경쟁하지 않았고, 자신의 영향력을 지키려 하지 않았으며, 흐름을 붙잡지 않았습니다. 오히려 그는 이렇게 말합니다. "그는 흥하여야 하겠고 나는 쇠하여야 하리라." 이 말은 패배 선언이 아니라 방향을 넘겨주는 선택이었습니다. 더 높은 자리를 향해 올라가려는 선택이 아니라 굳이 올라가지 않아도 되는 길을 선택하는 용기였습니다. 자신을 증명해야 할 이유가 사라질 때, 사람은 비로소 다른 사람을 위한 공간을 내어줄 수 있습니다.

드러나지 않는 길을 선택한다는 것은 포기하는 삶이 아니라 맡기는 삶입니다. 세례 요한은 사명을 끝내지 않았지만, 역할을 내려놓았습니다. 그는 사라졌지만 실패하지 않았습니다. 내가 통제하지 않아도 하나님이 일하고 계심을 믿는 태도, 그것이 그의 선택이었습니다. 그래서 겸손은 소극적 태도가 아니라 가장 깊은 신뢰의 표현이 됩니다. 하나님께 삶의 방향을 넘겨드릴수록 사람은 자신의 자리를 지키는 데 집착하지 않게 됩니다. 요한은 자리를 지켰기 때문에 위대한 것이 아니라, 자리를 내려놓았기 때문에 더 선명해졌습니다.

이 길은 빠르지 않습니다. 즉각적인 보상도 없고, 눈에 띄는 성과도 잘 드러나지 않습니다. 세례 요한의 마지막은 감옥이었고, 그의 삶은 조용히 끝났습니다. 기록상 그는 예수의 기적을 직접 보지도 못했고, 사역의 열매를 누리지도 못했습니다. 그러나 이 길 위에서 사람은 점점 자신을 설명할 필요가 없어집니다. 요한은 더 이상 자신이 누구인지 말하지 않았고, 대신 "나는 아니다"라고만 말했습니다. 하나님께서 이미 알고 계시다는 확신이 생길 때, 사람은 자신을 붙들 이유를 잃습니다. 그 확신이 마음 깊은 곳에서 자리 잡을 때, 겸손은 노력의 결과가 아니라 존재의 상태가 됩니다.

겸손의 빛 아래서 살아간다는 것은 결국 내가 중심에 서지 않아도 세상이 무너지지 않는다는 사실을 받아들이는 일입니다. 요한은 자신이 물러나도 하나님의 일은 멈추지 않는다는 것을 받아들였습니다. 하나님이 주인이시고, 나는 그분의 손 안에 있는 존재임을 인정하는 자리, 그 자리에서 사람은 더 작아지는 것이 아니라 더 자유로워집니다. 요한의 자유는 인정에서 온 것이 아니라 통제를 내려놓은 자리에서 왔습니다.

그리고 이 자유는 삶의 태도를 바꿉니다. 무엇을 이루었는가보다 어떻게 머물렀는가를 돌아보게 만듭니다. 세례 요한은 위대한 업적을 남기지 않았지만, 가장 정확한 위치에 머물렀던 사람이었습니다. 사람의 시선에서 벗어날수록 하나님 앞에 서는 감각은 더 분명해집니다. 조용히 맡길수록 마음은 덜 흔들리고, 덜 주장할수록 관계는 더 깊어집니다. 겸손은 결국 자신을 지우는 일이 아니라, 하나님이 일하실 자리를 비워 드리는 선택입니다. 세례 요한의 삶이 남긴 것은 이름이 아니라 방향이었습니다. 그 자리에 오래 머물수록 사람은 스스로를 붙잡는 법보다, 하나님께 기대는 법을 더 많이 배우게 됩니다. 그리고 그 배움은 드러나지 않지만 가장 오래 남는 흔적이 됩니다.

Part 5
일상에서 만나는 거룩

일상에서 만나는 거룩을 다루며, 죄책감으로 버티는 신앙이
아닌 날마다 새로워지는 마음을 강조합니다.
회개는 자신을 미워하는 감정이 아니라 방향을 바꾸는
사건이며, 십자가의 사랑 안에서 정직하게 마주하는 용기를
얻게 됩니다.

날마다 새로워지는 마음

회개는 신앙의 시작이라고 배워 왔습니다. 그러나 시간이 흐르면서 나는 점점 회개를 하지 않는 사람이 되었습니다. 더 정확히 말하면, 회개할 일이 없다고 느끼는 사람이 되어 갔습니다. 큰 죄를 짓지 않았고, 신앙의 기준에서 크게 벗어나지 않았으며, 다른 사람들과 비교해도 특별히 부끄러울 것이 없는 삶을 살고 있다고 생각했기 때문입니다.

어느 날 문득 이런 생각이 들었습니다. "나는 마지막으로 언제 하나님 앞에서 정말로 죄송하다고 말했을까." 형식적인 고백 말고, 예배 시간에 따라 하는 기도 말고, 누군가를 의식하지 않은 채 혼자서 마음이 무너지는 경험으로서의 회개가 있었는지를 떠올려 보니 기억이 쉽게 떠오르지 않았습니다.

신앙은 여전히 유지되고 있었지만, 회개는 점점 사라지고 있었습니다. 나는 기도했고, 말씀을 읽었고, 봉사도 했습니다. 그러나 그 모든 신앙 행위 속에서 나는 잘못을 돌아보기보다, 상태를 관리하고 있었습니다. 무엇이 문제였는지 보다, 내가 여전히 괜찮은 신앙인인지에 더 관심이 있었습니다.

어느 저녁, 집에서 혼자 뉴스를 보다가 한 장면이 눈에 들어왔습니다. 오래 함께 일해 온 동료를 배신한 기업인의 인터뷰였습니다. 그는 책임을 인정하면서도 이렇게 말했습니다. "결과적으로는 아쉽지만 그 당시로서는 최선의 판단이었습니다."

그 말이 이상하게 마음에 걸렸습니다. 분명 사과하는 말이었지만 실제로는 자신의 선택을 여전히 정당화하고 있는 언어처럼 들렸기 때문입니다. 그는 잘못을 인정하면서도, 자신을 내려놓지는 않았습니다. 책임은 말했지만, 마음은 여전히 자신을 보호하고 있었습니다.

그 장면을 보며 문득 나 자신의 신앙 언어가 떠올랐습니다. "그때는 어쩔 수 없었습니다", "상황이 그랬습니다", "의도는 나쁘지 않았습니다." 이런 말들은 나를 지켜 주었지만 동시에 나를 하나님 앞에서 더 이상 무너질 수 없는 사람으로 만들어 버렸습니다. 나는 회개하고 있는 것처럼 말했지만 실제로는 늘 나를 설명하고 있었습니다.

회개 없이 살아온 신앙은 죄를 짓지 않는 신앙이 아니

라 죄를 느끼지 않는 신앙에 가깝습니다. 잘못을 인정하지 않는 것이 아니라 잘못이 무엇인지 더 이상 묻지 않는 상태입니다. 나는 하나님 앞에서 용서를 구하는 사람이 아니라 스스로를 이해시키는 사람이 되어 있었습니다.

어느 날 오래된 일기장을 정리하다가, 젊은 시절에 적어 놓은 한 문장을 보게 되었습니다. "나는 오늘 나 자신이 너무 싫어서 하나님께 울면서 기도했다." 그 글을 읽는데 마음이 이상하게 아팠습니다. 지금의 나는 그렇게까지 자신을 싫어해 본 적이 없었기 때문입니다. 그때의 나는 불안했고, 흔들렸으며 자신이 부족하다는 감각 속에 살고 있었지만, 적어도 하나님 앞에서는 솔직했습니다. 지금의 나는 훨씬 안정되어 있었지만 그만큼 덜 무너지는 사람이 되어 있었습니다.

회개가 사라진 신앙은 겉으로 보면 더 성숙해 보입니다. 감정에 휘둘리지 않고, 쉽게 무너지지 않으며 자기자신을 잘 관리하는 사람처럼 보입니다. 그러나 그 안정감 속에서 나는 점점 하나님 앞에서 울 줄 모르는 사람이 되어 가고 있었습니다. 슬퍼도 설명하고, 아파도 정리하고, 불편해도 합리화하는 사람이 되어 있었습니다.

회개는 죄책감을 키우는 행위가 아니라 다시 느끼는 행위에 가깝습니다. 자신이 어떤 상태인지, 무엇을 두려워하고 있는지, 어디에서 하나님을 놓치고 있는지를 다시 감각하는 일입니다. 회개 없이 살아온 신앙은 하나님을 떠난 신앙이 아니라 자기 자신에게 너무 익숙해진 신앙일지도 모릅니다.

나는 처음으로 자신이 하나님 앞에서 용서받을 사람으로 서 있기보다 스스로 괜찮은 사람으로 남아 있으려 애써 왔다는 사실을 생각하게 되었습니다. 또한 회개는 나를 무너뜨리는 일이 아니라 나를 다시 느끼게 만드는 일이라는 사실과 그 감각을 잃은 신앙은 아무리 바르게 살아도 점점 하나님을 필요로 하지 않는 신앙이 되어 간다는 것을 생각하게 되었습니다.

회개 없이 살아온 신앙의 벗김은 죄를 더 찾아내는 작업이 아닙니다. 오히려 다시 울 수 있는 마음을 되찾는 일입니다. 하나님 앞에서 다시 약해질 수 있는 용기, 다시 미안하다고 말할 수 있는 자리로 돌아가는 일입니다. 그 자리에서 우리의 신앙은 잘 살아온 사람의 신앙에서 여전히 용서가 필요한 사람의 신앙으로 다시 시작됩니다.

감정을 넘어 진리에 서기

나는 오랫동안 신앙을 감정의 문제로 이해해 왔습니다. 마음이 뜨거우면 믿음이 살아 있는 것 같았고, 마음이 식으면 신앙이 약해진 것처럼 느꼈습니다. 예배 시간에 감동이 있으면 하나님이 가까이 계신 것 같았고, 아무 느낌이 없으면 하나님이 멀어진 것처럼 생각했습니다. 신앙은 관계라기보다 상태처럼 보였고, 그 상태를 가장 잘 보여 주는 지표가 바로 감정이라고 믿었습니다.

어느 날 한 지인이 이렇게 말한 적이 있습니다. "요즘 예배를 드려도 아무 느낌이 없어요. 그래서 신앙이 다식은 것 같아요." 이 말은 결코 낯설지 않았습니다. 나역시 같은 말을 수도 없이 해 왔기 때문이었습니다. 기도가 잘 안 될 때, 찬양이 더 이상 울리지 않을 때, 마음이 움직이지 않을 때, 나는 늘 이렇게 정리했습니다. '지금 내 신앙에 문제가 생겼구나.' 감정은 어느새 믿음의 온도계가 되어 있었습니다.

그런데 시간이 지나며 이상한 균열이 보이기 시작했

습니다. 감정이 가장 뜨거웠던 시절, 나는 오히려 가장 쉽게 판단했고, 가장 쉽게 흥분했으며, 가장 빨리 실망했습니다. 반대로 감정이 차분해진 이후 나는 더 자주 멈추게 되었고, 더 오래 기다리게 되었으며, 더 쉽게 모른다고 말할 수 있게 되었습니다. 신앙이 깊어졌다고 느낀 순간들은 아이러니하게도 특별한 감동이 없던 시간들이었습니다.

감정 중심 신앙은 매우 솔직해 보입니다. 지금 느끼는 것을 숨기지 않고 말하고, 상태를 있는 그대로 드러내기 때문입니다. 그러나 이 신앙은 동시에 매우 불안정합니다. 감정이 올라가면 하나님도 가까워지고, 감정이 내려가면 하나님도 멀어집니다. 하나님은 늘 같은 자리에 계시지만, 나는 내 감정에 따라 하나님과의 거리를 재배치하고 있었습니다.

어느 날 카페에서 우연히 들은 대화가 마음에 남았습니다. "나는 기분 좋을 때만 기도하게 돼", "나도 우울하면 기도할 마음도 안 생겨." 이 말들은 신앙 고백이라기보다 삶의 리듬에 대한 솔직한 묘사처럼 들렸습니다. 우리는 하나님을 찾기보다 하나님을 느낄 수 있는 상태가 되었을 때만 하나님께 가고 있었습니다.

감정에 의존한 신앙은 결국 하나님보다 나 자신을 중

심에 둡니다. 지금 내가 어떤 상태인지, 무엇을 느끼는 지가 신앙의 출발점이 됩니다. 기도는 하나님께 응답하는 시간이 아니라 내 감정을 정리하는 시간이 되고, 예배는 하나님을 만나는 자리가 아니라 내 마음을 회복하는 공간이 됩니다. 신앙은 점점 하나님과의 관계라기보다 나를 관리하는 방식으로 바뀌어 갑니다.

이 신앙의 한계는 감정이 사라질 때 분명해집니다. 아무 느낌이 없고, 아무 감동도 없으며, 아무 확신도 없을 때, 나는 신앙 자체가 사라진 것처럼 느끼게 됩니다. 그러나 어쩌면 바로 그때가 신앙이 처음으로 감정을 넘어서는 순간일지도 모릅니다. 느껴지지 않지만 떠나지 않고, 울리지 않지만 머무르며, 보이지 않지만 여전히 하나님 앞에 서 있는 상태, 감정에 의존해 온 신앙의 벗김은 감정을 부정하자는 말이 아닙니다. 오히려 감정을 주인의 자리에서 내려놓자는 요청에 가깝습니다.

기쁠 때도 하나님, 무감각할 때도 하나님, 흔들릴 때도 하나님, 하나님은 내가 느낄 수 있을 때만 계시는 분이 아니라 내가 아무것도 느끼지 못할 때도 여전히 앞에 계신 분이라는 사실을 다시 받아들이는 일입니다.

그때 신앙은 더 이상 감정의 온도에 따라 움직이지 않습니다. 뜨겁지 않아도 머무를 수 있고, 감동이 없어도 떠나지 않으며, 확신이 없어도 관계를 포기하지 않습니다. 감정이 아니라 선택으로 이어지는 신앙, 느껴지지 않아도 하나님 앞에 서 있는 연습, 그 조용한 자리에 이르러서야 나는 신앙이 감정이 아니라 관계라는 사실을 조금씩 배우기 시작합니다.

은혜를 간직하는 삶

교회에서 가장 많이 사용되는 단어는 '은혜'입니다. 설교를 듣고 마음이 움직였을 때, 찬양 중 눈물이 날 때, 간증을 통해 위로를 받을 때 우리는 그것을 은혜라고 부릅니다. 은혜는 본래 하나님께서 먼저 주시는 선물이라는 뜻이지만 실제 신앙생활 속에서는 점점 느끼는 경험의 이름처럼 사용되는 경우가 많아졌습니다. 은혜는 관계라기보다, 감정의 상태를 설명하는 말이 되어 가고 있습니다.

이 변화는 일상의 대화 속에서도 쉽게 드러납니다. "요즘 교회에 가도 은혜가 잘 안 됩니다", "어느 교회 설교가 제일 은혜로웠나요?", "지난 집회는 정말 은혜가 많았습니다."

이런 말들은 모두 신앙에 대한 것이지만 듣다 보면 마치 어떤 경험이 더 좋았는지를 평가하는 말처럼 들리기도 합니다. 어디에서 더 감동을 받았는지, 어디에서 더 만족했는지 어디에서 마음이 더 움직였는지를 나누는

방식입니다. 하나님을 만났는가보다 무엇을 느꼈는가
가 중심이 됩니다.

본회퍼는 이런 신앙의 모습을 두고 '값싼 은혜'라는 표
현을 사용했습니다. 그가 말한 값싼 은혜는 죄를 용서받
았다는 확신은 있지만 삶은 바뀌지 않는 은혜였습니다.
회개 없는 용서, 순종 없는 믿음, 제자도 없는 위로. 은
혜는 풍성하게 말해지지만, 그 은혜 때문에 감당해야 할
삶의 방향은 사라진 상태였습니다. 본회퍼에게 은혜는
결코 편안한 것이 아니었습니다. 은혜는 사람을 안심시
키는 말이 아니라 사람을 불러 세우는 사건이었기 때문
입니다.

성경은 은혜를 전혀 다른 방식으로 설명합니다. 사도
바울은 이렇게 말합니다. "너희는 그 은혜에 의하여 믿
음으로 말미암아 구원을 받았으니 이것은 너희에게서
난 것이 아니요 하나님의 선물이라"(엡 2:8). 이 말씀에
서 은혜는 감정의 상태가 아니라 인간이 스스로 만들어
낼 수 없는 관계의 시작을 의미합니다. 은혜는 '느껴지
는 것'이 아니라 '이미 주어진 것'입니다. 그리고 그 은혜
는 삶의 방향을 바꾸는 힘이지, 잠시 위로를 제공하는
자원이 아닙니다.

그러나 현실의 신앙생활에서는 은혜가 점점 필요할 때

받아야 하는 무엇처럼 다루어지기도 합니다. 위로가 필요할 때 은혜를 찾고, 감동이 사라지면 은혜가 부족하다고 느낍니다. 예배는 하나님 앞에 서는 시간이기보다 무엇인가를 얻어 가는 시간이 되고, 말씀은 삶을 비추는 언어라기보다 마음을 채워 주는 콘텐츠처럼 다가옵니다.

이런 모습은 실제 행동에서도 자연스럽게 나타납니다. 힘들 때는 교회를 찾지만, 평안해지면 신앙은 뒤로 밀립니다. 문제가 있을 때는 기도가 늘어나지만, 문제가 사라지면 기도는 줄어듭니다. 하나님은 늘 계시지만, 사람은 필요할 때만 하나님을 찾게 됩니다. 은혜는 만남의 언어라기보다는 상황을 버티기 위한 도구처럼 느껴집니다.

성경에도 이와 비슷한 장면이 나옵니다. 예수님께서 오병이어의 기적을 행하신 후, 많은 사람들이 다시 예수님을 찾아옵니다. 그러나 예수님께서는 그들을 향해 이렇게 말씀하셨습니다. "너희가 나를 찾는 것은 표적을 본 까닭이 아니요 떡을 먹고 배부른 까닭이로다"(요 6: 26). 그들은 예수님을 따르는 것처럼 보였지만, 실제로는 예수님을 통해 얻을 수 있는 '공급'을 더 기대하고 있었습니다. 관계가 아니라 만족을 먼저 바라보고 있었던 것입니다.

본회퍼가 말한 값싼 은혜는 바로 이런 모습입니다. 하

나님을 따르는 것이 아니라 하나님을 통해 편안해지는 신앙, 즉 은혜를 통해 삶이 흔들리는 것이 아니라 은혜로 삶을 안정시키는 신앙입니다. 십자가는 남아 있지만 그 십자가가 요구하는 방향은 사라진 상태입니다.

은혜를 이렇게 경험 중심으로 대하게 되면, 은혜가 느껴지지 않을 때 신앙도 함께 사라진 것처럼 느껴지기 쉽습니다. 감동이 없고, 위로가 없으며 아무 느낌도 없을 때 하나님이 멀어진 것처럼 느껴집니다. 그러나 성경이 말하는 은혜는 애초에 감정의 크기로 측정되는 것이 아닙니다. 은혜는 느껴질 때만 존재하는 것이 아니라 느껴지지 않아도 여전히 나를 붙들고 있는 관계입니다.

본회퍼는 값비싼 은혜를 이렇게 설명합니다. 그것은 예수 그리스도를 따르라는 부르심이며, 그 부르심에 응답하는 삶입니다. 은혜는 위로가 아니라 방향입니다. 안정이 아닌 이동입니다. 소비가 아닌 순종입니다.

은혜를 다시 되돌려 놓는다는 것은 은혜를 거부하자는 뜻이 아닙니다. 오히려 은혜를 소유의 대상이 아니라 머무는 자리로 받아들이는 일입니다. 무엇을 얻었는가보다, 누구를 따르고 있는지를 묻는 방향으로 돌아가는 것입니다. 감동이 없어도 머무르고, 위로가 없어도 떠나지 않으며, 아무 느낌이 없어도 하나님 앞에 서 있는 선택입니다.

　그때 은혜는 더 이상 채워야 하는 무언가가 아니라 이미 나를 붙들고 있는 부르심이 됩니다. 은혜를 소비하는 신앙이 아니라 은혜에 응답하는 신앙입니다. 하나님을 경험으로 이용하는 삶이 아니라 하나님께 삶을 맡기는 삶입니다. 그 자리에서 신앙은 더 이상 '받는 것'이 아닌 '따르는 것'이 됩니다.

자유함을 주는 십자가의 사랑

많은 신앙인들은 죄를 두려워하기보다, 죄책감을 더 두려워하며 살아갑니다. 죄를 지었기 때문이 아니라 죄책감을 느끼지 않으면 신앙이 느슨해질 것 같다는 불안 때문입니다. 괴로워하고 있으니 아직 믿음이 있는 것 같고, 불편하니 아직 하나님을 잊지 않은 것처럼 느껴지기 때문입니다.

그래서 사람은 죄를 피하기보다, 오히려 죄책감을 놓치지 않으려 애쓰며 살아갑니다. 이 마음은 아주 일상적인 말로 드러납니다. "이 정도로는 아직 부족한 것 같아요", "더 열심히 해야 할 것 같아요", "이렇게 살면 안 될 것 같은데요."

이 말들은 겸손처럼 들리지만, 그 안에는 늘 같은 감각이 숨어 있습니다. 지금의 나는 아직 하나님 앞에 설 만큼 충분하지 않다는 느낌이고, 그래서 신앙은 기쁨보다 항상 부족감 속에서 유지됩니다.

성경은 회개를 죄책감으로 설명하지 않습니다. 사도

바울은 이렇게 말합니다. "하나님의 뜻대로 하는 근심은 후회할 것이 없는 구원에 이르게 하는 회개를 이루는 것이요 세상 근심은 사망을 이루는 것이니라"(고후 7:10).

바울은 여기서 두 가지를 분명히 구분합니다. 하나님께로 돌아오게 만드는 근심과 자기 자신을 계속 붙잡아 두는 근심입니다. 회개는 자신을 미워하는 감정이 아니라 방향을 바꾸는 사건입니다.

그러나 현실의 신앙에서는 이 둘이 거의 분리되지 않습니다. 사람은 자신의 부족함을 계속 느끼지만, 그 부족함이 실제 변화로 이어지지 않은 채 머뭅니다. 죄책감은 커지지만 삶은 달라지지 않습니다. 오히려 그 죄책감 자체가 신앙의 증거처럼 느껴집니다. 괴로워하고 있으니 아직 하나님과 연결되어 있는 것 같고, 힘들어하니 아직 믿음이 살아 있는 것처럼 느껴집니다.

그래서 죄책감은 점점 신앙의 연료가 됩니다. 신앙을 기쁘게 하지 않지만, 멈추지 않게는 합니다. 하나님을 사랑해서 움직이기보다, 멈추면 더 나쁜 사람이 될 것 같아서 계속 움직이게 합니다. 죄책감은 사람을 하나님께 데려가지 않지만, 신앙에서 이탈하지는 않게 붙잡아 둡니다.

교회 안에서 자주 들리는 말들도 이 구조를 강화합니

다. "믿음이 있으면 더 해야죠", "이 정도로 만족하면 안됩니다", "신앙은 원래 힘든 겁니다." 이런 말들은 틀리지 않았습니다. 그러나 반복될수록 신앙은 점점 기쁨이 아니라 부담이 됩니다. 하나님께 나아가기보다 자신을 계속 몰아붙이는 방식으로 신앙을 유지하게 됩니다.

예수님은 전혀 다른 방식으로 사람을 부르십니다. "수고하고 무거운 짐 진 자들아 다 내게로 오라 내가 너희를 쉬게 하리라"(마 11:28). 예수님은 죄책감을 더 얹어 주지 않으십니다. 오히려 이미 지고 있는 짐을 내려놓게 하십니다. 죄를 가볍게 여기시는 것이 아니라 죄책감으로 스스로를 벌주며 살아온 인간의 상태를 먼저 보십니다.

죄책감으로 버텨 온 신앙의 가장 큰 특징은 사람을 늘 '아직 도착하지 못한 존재'로 만든다는 데 있습니다. 언제나 부족하고, 언제나 더 해야 하며, 언제나 미안한 사람으로 남게 합니다. 그래서 신앙은 관계가 아니라 채무처럼 느껴집니다. 하나님은 사랑하는 분이 아니라 늘 실망하실 것 같은 분으로 인식됩니다.

그러나 성경이 말하는 회개는 자신을 벌주는 행위가 아니라 하나님께 다시 방향을 돌리는 사건입니다. 돌아왔으면 머무는 것이고, 용서받았으면 살아가는 것입니다. 죄책감은 사람을 제자리에 묶어 두지만, 회개는 사람을 하나님께로 옮깁니다. 죄책감은 멈추지 않게 하지만, 회개는 다시 살게 합니다.

죄책감으로 버텨 온 신앙을 벗긴다는 것은, 죄를 가볍게 여기자는 말이 아닙니다. 오히려 죄보다 은혜를 더 크게 믿는 연습에 가깝습니다. 자신을 정죄하는 감정으로 하나님께 다가가는 것이 아니라 하나님이 이미 열어 두신 자리로 들어가는 선택입니다.

그때 신앙은 더 이상 죄책감으로 유지되지 않습니다. 잘하지 못해서 붙잡는 신앙이 아니라 이미 사랑받고 있기 때문에 살아가는 신앙으로 옮겨집니다. 하나님 앞에서는 이유가 미안해서가 아니라 돌아갈 곳이 거기뿐이라는 사실 때문이 됩니다. 그리고 그 자리에서 신앙은 처음으로 무거움이 아니라 숨을 쉬는 공간이 됩니다.

정직하게 마주하는 용기

신앙생활을 오래 하다 보면, 사람은 점점 선택을 돌아보기보다 선택을 설명하는 데 익숙해집니다. 무엇을 했는가보다, 왜 그렇게 할 수밖에 없었는지를 더 잘 말하게 됩니다. 처음에는 상황 때문이고, 환경 때문이며, 형편 때문이라고 말합니다. 그런데 시간이 지나면 그 설명은 신앙의 언어를 입기 시작합니다. "지금은 하나님이 쉬게 하시는 것 같습니다." "이것도 다 뜻이 있을 겁니다." 말은 신앙적이지만, 그 안에는 질문보다 정리가 먼저 들어 있습니다.

이런 모습은 일상에서도 자주 나타납니다. 한 직장인은 주일 예배를 몇 달째 온라인으로만 드리면서 이렇게 말합니다. "지금 회사가 너무 바빠서요. 하나님도 제 상황을 아실 겁니다." 또 어떤 사람은 교회 봉사를 그만두며 말합니다. "제 영성이 먼저 회복되어야 할 것 같아요." 이 말들은 틀리지 않습니다. 실제로 삶은 바쁘고, 마음은 지쳐 있습니다. 그러나 이런 말들이 반복될수록,

삶은 거의 바뀌지 않습니다. 말만 더 그럴듯해집니다. 신앙은 계속 이어지지만, 방향은 움직이지 않습니다.

성경에도 비슷한 장면이 나옵니다. 아담과 하와가 하나님 앞에 섰을 때, 그들은 잘못을 인정하기보다 이유를 먼저 말합니다. "여자가 나에게 주어서 먹었습니다", "뱀이 나를 속였습니다"(창 3:12-13 참조).

이 말들은 사실이었습니다. 그러나 하나님께서 찾으셨던 것은 사실의 설명이 아니었습니다. 하나님은 책임의 고백을 찾으셨습니다. 그들은 틀린 말을 하지 않았지만, 자신을 돌아보는 자리에 서지 않았습니다.

변명으로 살아온 신앙의 특징은 말이 많다는 데 있습니다. 왜 지금은 어쩔 수 없는지, 왜 이 정도면 괜찮은지, 왜 당장은 달라지지 않아도 되는지를 계속 설명합니다. 설명은 많아집니다. 회개는 줄어듭니다. 기도는 계속됩니다. 삶의 방향은 거의 바뀌지 않습니다. 신앙은 유지됩니다. 사람은 점점 굳어집니다.

이런 신앙은 겉으로 보기에는 균형 잡혀 보입니다. 극단적이지 않고, 현실을 고려할 줄 아는 성숙한 신앙처럼 보입니다. 그러나 그 안에는 공통된 특징이 있습니다. 하나님 앞에서 자신을 묻는 시간이 사라진다는 점입니다. 사람은 하나님께 묻기보다, 하나님을 통해 자신을 설명하는 데 더 익숙해집니다.

예수님은 이런 태도를 향해 이렇게 말씀하셨습니다. "눈 먼 인도자여 너희가 말하되 누구든지 성전으로 맹세하면 아무일 없거니와 성전의 금으로 금을 맹세하면 지킬지라 하는도다"(마 23:16). 이 말씀은 무지를 꾸짖는 것이 아닙니다. 너무 많은 설명 속에서 자신을 보지 못하게 된 상태를 드러내는 말입니다. 스스로를 논리적으로 설명할수록, 사람은 자기 자신을 마주하기 어려워집니다.

변명으로 살아온 신앙은 결국 하나님을 만나는 방향으로 흐르지 않습니다. 사람은 현재의 자신을 유지하는 데 더 집중합니다. 신앙은 변화로 이어지지 않습니다. 정당화의 도구로 작동합니다. 하나님은 부르시는 분으로 느껴지지 않습니다. 사람을 이해해 주는 분으로만 남게 됩니다.

이 신앙에서 벗어난다는 것은 자신을 몰아붙이라는 뜻이 아닙니다. 설명을 멈추는 일에 가깝습니다. 다시 질문하는 자리로 돌아가는 일입니다. 지금 내 선택이 정말 하나님을 향하고 있는지, 아니면 하나님을 이용해 나를 지키고 있는지, 그 질문 앞에 서는 용기입니다.

변명이 사라진 자리에는 정답이 남지 않습니다. 대신

하나의 감각이 남습니다. 하나님 앞에서 더 이상 말로 나를 설득하지 않아도 되는 존재로 서 있다는 감각입니다. 그 자리에서 신앙은 언어가 아닙니다. 관계로 다시 움직이기 시작합니다. 신앙은 나를 보호하는 도구로 남지 않습니다. 나를 변화시키는 방향으로 흐르기 시작합니다.

평범함 속에 숨은 하나님의 자리

거룩은 특별한 순간에만 나타나는 감정이 아니라 반복되는 일상 속에서 서서히 형성되는 태도입니다. 우리는 흔히 거룩을 예배당 안의 분위기나 깊은 감동의 순간에서만 찾으려 하지만, 성경이 말하는 거룩은 오히려 가장 평범한 자리에서 더 자주 드러납니다. 하루의 시작과 끝, 익숙한 사람들과의 대화, 습관처럼 지나치는 선택들 속에서 신앙은 조용히 방향을 만들어 갑니다.

일상은 눈에 띄는 장면이 많지 않습니다. 그래서 사람은 쉽게 신앙을 비일상의 영역으로 밀어냅니다. 예배와 기도는 거룩한 시간으로 구분하고, 나머지 시간은 현실로 분리합니다. 그러나 하나님은 삶을 그렇게 나누어 부르시지 않습니다. 하나님은 우리의 모든 시간을 동일한 깊이로 바라보십니다. 일터와 가정, 관계와 휴식, 성취와 실패의 자리 모두를 하나의 삶으로 받아들이십니다.

성경에서 하나님의 부르심은 대부분 예상하지 못한 평범한 순간에 임합니다. 모세는 광야의 떨기나무 앞에

서 부르심을 받았고, 다윗은 양을 치던 들판에서 선택되었으며, 제사들은 생계를 위해 반복하던 일터 한가운데서 예수를 만났습니다. 거룩은 삶을 멈추게 하는 사건이 아니라 삶의 흐름 속으로 들어오는 초대였습니다. 특별해 보이지 않는 자리가 오히려 하나님의 임재가 가장 자주 머무는 장소였습니다.

평범함 속에 거룩이 숨어 있다는 것은 삶의 무게를 신앙으로 덮는다는 뜻이 아닙니다. 오히려 삶을 그대로 들고 하나님 앞에 서는 용기를 의미합니다. 지루함도, 피로함도, 반복되는 감정도 숨기지 않고 그 상태 그대로 하나님께 드리는 태도입니다. 기분이 좋을 때만이 아니라, 마음이 가라앉을 때도, 아무 말도 떠오르지 않을 때도 하나님 앞에 머무는 연습입니다. 그때 신앙은 감정을 관리하는 도구가 아니라, 삶을 바라보는 시선이 됩니다.

우리는 종종 거룩을 더 나은 상태로 오해합니다. 더 성숙해져야 하고, 더 흔들리지 않아야 하며, 더 안정되어야 도달할 수 있는 자리처럼 생각합니다. 그러나 거룩은 완성된 사람의 조건이 아닌 부족한 상태로 하나님께 나아가는 태도에 가깝습니다. 연약함이 사라져서 거룩해지는 것이 아니라, 연약함을 들고 하나님 앞에 설 수 있을 때 거룩은 시작됩니다.

거룩은 결국 다른 삶을 사는 것이 아니라, 같은 삶을 다른 깊이로 사는 일입니다. 더 많은 시간을 확보하는 것이 아닌 이미 주어진 시간을 하나님 앞에서 살아내는 선택입니다. 바쁜 하루 속에서도 잠시 멈추어 자신의 마음을 바라보고, 관계 속에서 자동적으로 반응하기보다 한 번 더 생각하며, 습관처럼 지나치던 순간에 의미를 발견하는 태도입니다.

그 선택이 쌓일수록 사람은 특별해지기보다, 오히려 더 진실해집니다. 신앙은 사람을 비현실적으로 만들지 않고, 오히려 현실을 더 깊이 살아내게 합니다. 그리고 그 진실함 속에서 일상은 더 이상 영적인 장애물이 아니라, 하나님과 동행하는 가장 현실적인 통로가 됩니다. 거룩은 멀리 있는 목표가 아닌 지금 이 삶 안에서 조용히 자라나는 관계의 깊이입니다.

Part 6
오직 주님만 보이는 시간

신앙은 비로소 '하나님 앞의 단독자'로 서는 경험으로
심화됩니다.
사람들 앞에서의 역할과 증명을 멈추고, 보이지 않는
곳에서의 진실함을 회복하며 결과보다 과정을 사랑하는
법을 익히게 됩니다.

홀로 있을 때 더 깊어지는 고백

십자가 앞에 서면 더 이상 설명할 말이 많지 않습니다. 무엇을 잘했는지, 얼마나 애썼는지, 얼마나 바르게 살았는지를 떠올려 보려 해도, 십자가는 그 모든 생각을 조용히 멈추게 합니다. 거기에는 비교할 사람도 없고, 평가할 기준도 없고, 증명할 대상도 없습니다. 오직 한 사람만 서 있을 뿐입니다.

복음서에는 베드로가 예수님을 세 번 부인하는 장면이 나옵니다. 그는 끝까지 따르겠다고 말했고, 누구보다 자기 자신을 믿었던 사람이었습니다. 그러나 닭 울음소리를 들은 뒤, 그는 아무 말도 하지 못한 채 밖으로 나가서 울었습니다(눅 22:61-62 참조). 베드로의 회복은 그 통곡 이후에 시작됩니다. 설명이 끝난 자리, 변명이 멈춘 자리, 자신에 대한 확신이 무너진 자리에서 비로소 다시 만남이 시작됩니다.

십자가 앞에서 사람은 더 이상 '신앙인'이라는 역할로 서지 않습니다. 잘 믿는 사람도 아니고, 실패한 사람도 아닙니다. 다만 용서가 없으면 설 수 없는 사람, 사랑이 없으면 남아 있을 수 없는 사람으로 서게 됩니다. 그 순간 신앙은 성취가 아니라 의존이 됩니다. 내가 하나님을 붙잡고 있는 것이 아니라 하나님이 나를 붙잡고 계시다는 감각만 남습니다.

어느 병원 중환자실 앞에서 한 가족이 밤새 기다리던 장면을 떠올려 볼 수 있습니다. 그들은 거의 말을 하지 않았고, 서로에게 해 줄 말도 없었습니다. 기도문을 외울 힘도 없었고, 믿음의 고백을 할 여유도 없었습니다. 다만 조용히 의자에 앉아, 그 사람이 살아 있기를 바라는 마음 하나만 붙잡고 있었습니다. 그 자리에 종교적 언어는 없었습니다. 신앙적인 태도도 보이지 않았습니다. 그러나 그 침묵 속에서 그들은 누구보다 깊이 하나님 앞에 서 있었습니다.

십자가 앞의 신앙도 이와 비슷합니다. 더 이상 말로 나를 꾸밀 수 없고, 태도로 나를 설명할 수도 없습니다. 신앙은 나를 보호하는 가면이 아니라 나를 그대로 드러내는 빛이 됩니다. 잘 믿는 사람이라는 얼굴이 사라지고, 그냥 연약한 사람 하나만 남습니다.

사도 바울은 이렇게 말했습니다. "내가 약할 그때에 강함이라"(고후 12:10). 이 말은 역설처럼 들리지만 십자가 앞에서는 자연스러운 말이 됩니다. 강해졌기 때문에 하나님께 가는 것이 아니라 더 이상 강해질 수 없다는 사실을 알게 되었을 때 비로소 하나님 앞에 서게 됩니다.

가면을 벗은 자아는 특별한 깨달음을 갖지 않습니다. 오히려 아무것도 설명할 수 없게 됩니다. 왜 이렇게 되었는지도 모르겠고, 앞으로 어떻게 살아야 할지도 분명하지 않습니다. 다만 한 가지 감각만 남습니다. 지금 이 모습 그대로 서 있어도 쫓겨나지 않는다는 느낌, 아무 말 없이 서 있어도 괜찮다는 안정감입니다.

십자가 앞에서 신앙은 다시 시작되지만 더 나은 사람이 되겠다는 결심으로가 아니라 더 이상 나를 꾸미지 않아도 되는 존재로 서는 자리에서. 그때 신앙은 역할이 아니라 관계가 되고, 성취가 아니라 머묾이 됩니다. 그리고 사람은 처음으로, 하나님 앞에 가면 없이 서 있는 자신을 만나게 됩니다.

고요함 속에 세미한 음성

　신앙 안에서 실패는 좀처럼 환영받지 못합니다. 우리는 넘어지면 회개해야 하고, 흔들리면 다시 일어서야 하며, 부족하면 더 열심히 해야 한다고 배워 왔습니다. 그래서 실패는 늘 하나의 과정이 아니라 빨리 통과해야 할 상태처럼 다루어집니다. 오래 머물러서는 안 되고, 드러내서도 안 되며, 가능한 한 빨리 극복해야 할 문제로 여겨집니다. 실패는 신앙의 일부라기보다 신앙 바깥으로 밀려나 있는 것처럼 취급되고, 실패한 사람은 조용히 자기 자리를 정리해야 하는 존재처럼 느껴지기도 합니다.

　그러나 성경의 인물들은 실패 이후에야 비로소 자신의 자리에 서게 됩니다. 베드로는 예수님을 부인한 뒤 곧바로 회복되지 않습니다. 그는 닭 울음소리를 듣고 밖으로 나가 통곡한 후, 다시 갈릴리로 돌아가 그물이나 손질하며 조용히 살아갑니다. 한때 "끝까지 따르겠다"고 말했던 사람이 다시 물가로 돌아가 평범한 일상을 반복하는 모습은 실패 이후의 인간이 얼마나 말이 없어지는지를 잘 보여줍니다. 부활하신 예수님을 다시 만났을 때에도 베드로는 아무 말도 하지 못합니다. 다만 "주님께서 아시나이다"(요 21:17)라는 고백만 남습니다. 설명도, 다짐도, 변명도 없이 자신을 아시는 분 앞에 그대로 서는 고백입니다.

그 자리에서 베드로는 더 이상 충성하겠다고 말하지도 않고, 자신이 어떤 사람인지 증명하려 하지도 않습니다. 실패한 자신을 그대로 두고, 그 상태로 예수님 앞에 서 있을 뿐입니다. 더 잘하겠다는 계획도 없고, 다시 신뢰를 얻겠다는 전략도 없습니다. 그는 그저 실패한 자신이 예수님 앞에 서 있는 상태를 허락받았을 뿐입니다.

실패를 받아들이는 믿음은 다시 강해지겠다는 결심에서 시작되지 않습니다. 오히려 더 이상 스스로를 회복시킬 수 없다는 사실을 인정하는 데서 시작됩니다. 실패를 극복의 재료로 삼지 않고, 설명의 언어로 바꾸지도 않고, 그 상태 그대로 하나님 앞에 들고 서는 태도입니다. 실패를 통해 더 나은 사람이 되겠다는 계획이 아니라 실패한 채로도 하나님께 버려지지 않는 존재라는 사실을 받아들이는 자리입니다. 신앙은 여기서 성취의 서사가 아니라 관계의 깊이로 이동합니다.

현실에서도 비슷한 장면은 자주 나타납니다. 오랫동

안 신앙생활을 하던 한 사람이 삶의 큰 좌절을 겪은 후, 교회에 나오지 못하게 됩니다. 이전에는 봉사도 많았고, 기도도 열심이었지만, 실패 이후에는 아무 말도 할 수 없게 됩니다. 신앙의 언어로 자신을 설명할 힘도 없고, 간증할 내용도 사라집니다. 오히려 말할수록 더 초라해질 것 같고, 드러낼수록 더 부끄러워질 것 같은 마음만 남습니다.

그 사람에게 신앙은 더 이상 성취의 이야기가 아니라 침묵의 시간이 됩니다. 예배당에 앉아 있어도 기도가 잘 나오지 않고, 찬양을 불러도 마음이 따라가지 않는 시간입니다. 그러나 그 침묵 속에서 그는 처음으로 하나님 앞에 꾸미지 않은 얼굴로 서게 됩니다. 아무 역할도 없는 사람으로, 아무 대답도 준비하지 않은 채 머무는 시간입니다. 그 자리는 불편하지만, 동시에 처음으로 숨을 쉴 수 있는 자리이기도 합니다.

예수님께서는 실패한 제자들을 책망하지 않으셨습니다. 오히려 도망간 제자들을 다시 찾아가시고, 부인한 제자에게 다시 질문하십니다. 그 질문은 훈계의 말이 아니라 관계를 다시 여는 말이었습니다. 실패를 설명하라고 요구하지도 않으시고, 다시 증명하라고 요구하지도 않으십니다.

"네가 나를 사랑하느냐." 이 질문은 베드로의 신앙 수준을 점검하시는 질문이 아니라 실패한 인간을 다시 관계 안으로 부르시는 질문이었습니다. 그 사랑은 조건을 회복한 후에 주어진 것이 아니라 실패한 상태 그대로 주어진 것이었습니다. 아무 것도 증명하지 못한 자리에서 다시 시작되는 사랑이었습니다.

실패를 받아들이는 믿음은 자신을 포기하는 신앙이 아닙니다. 오히려 더 깊은 신뢰로 들어가는 길입니다. 스스로를 세울 수 없게 되었을 때, 하나님께 기대는 자리로 이동하는 신앙입니다. 강해졌기 때문에 하나님을 붙드는 것이 아니라 약해진 채로도 붙들림을 허락하는 태도입니다. 신앙은 여기서 힘의 문제에서 맡김의 문제로 바뀝니다.

그때 신앙은 다시 부드러워집니다. 실패를 숨기지 않아도 되고, 설명하지 않아도 되며, 극복하지 못해도 쫓겨나지 않는 자리입니다. 실패가 신앙의 장애물이 아니라 신앙의 문이 되는 순간입니다. 하나님 앞에 설 수 있는 조건이 사라질 때, 비로소 하나님 앞에 설 수 있는 길이 열립니다. 그리고 그 길은 소리 없이 열리며, 고요함 속에서 세미한 음성처럼 조용히 우리를 다시 부르고 있습니다.

결과보다 과정을 사랑하기

연약함은 본래 숨겨야 할 것이 아닌 드러낼수록 관계가 시작되는 자리라고 할 수 있습니다. 그러나 신앙 안에서는 오랫동안 연약함을 관리하는 법부터 배워 왔습니다. 믿음이 있으면 흔들리지 않아야 하고, 기도하면 두려움이 사라져야 하며, 성숙해질수록 약해 보이지 않아야 한다고 생각해 왔습니다. 그래서 사람은 자신의 연약함을 고백하기보다, 신앙적인 표현으로 덮는 데 더 익숙해집니다.

성경은 전혀 다른 이야기를 전하고 있습니다. 사도 바울은 자신의 약함을 감추지 않고 이렇게 고백했습니다. "내 은혜가 네게 족하도다 이는 내 능력이 약한 데서 온전하여짐이라"(고후 12:9). 바울은 연약함이 제거되어야 능력이 시작된다고 말하지 않았습니다. 오히려 연약함이 드러난 자리에서 하나님의 능력이 머문다고 고백했습니다. 약함은 신앙의 실패가 아니라 신앙이 머무를 자리입니다.

현실에서도 이와 비슷한 장면은 자주 나타납니다. 오랫동안 신앙생활을 하던 한 사람이 큰 병을 앓은 후, 이전처럼 기도도 하지 못하고 예배에도 집중하지 못하게 됩니다. 그는 스스로를 '신앙이 약해진 사람'이라고 느끼지만, 주변 사람들은 오히려 그가 더 진실해졌다고 말합니다.

이전에는 늘 옳은 말을 했지만, 이제는 "잘 모르겠습니다", "무섭습니다", "도와주세요"라는 말을 더 자주 하게 되었기 때문입니다. 그 말들은 신앙적으로 완벽하지는 않지만, 인간적으로는 가장 정직한 고백처럼 들립니다.

연약함이 드러나면 사람은 더 이상 자신을 연출하지 못합니다. 잘 믿는 사람처럼 보이려고 애쓰지 않고, 괜찮은 척하지도 않습니다. 대신 지금의 상태를 그대로 들고 하나님 앞에 섭니다. 설명도 없고, 증명도 없고, 목표도 없습니다. 다만 "이 모습 그대로 여기 있습니다"라는 태도만 남습니다.

예수께서는 부활 후 제자들에게 처음으로 이렇게 말씀하셨습니다. "너희에게 평강이 있을지어다"(요 20:19). 그 자리에 있던 제자들은 믿음이 강한 사람들이 아니었습니다. 도망쳤고, 숨어 있었고, 문을 잠근 채 두려움 속에 머물러 있던 사람들이었습니다. 그러나 예수님께서는 그들의 상태를 고치신 뒤 찾아오신 것이 아니라 그 상태 그대로 찾아오십니다. 연약함은 예수님을 만난 후에 사라진 것이 아니라 예수님을 만나는 자리였습니다.

드러난 연약함의 영성은 특별한 훈련을 의미하지 않습니다. 더 깊은 기도를 배우는 것도 아니고, 더 높은 깨달음을 얻는 것도 아닙니다. 오히려 신앙이 더 이상 자신을 꾸미는 도구가 아니라 자신을 내려놓는 자리가 됩니다. 강해지기 위해 하나님을 찾는 것이 아니라 약한 채로 하나님께 머무는 선택입니다.

그때 영성은 성취의 언어를 잃고, 관계의 언어를 회복합니다. "이제 괜찮아졌습니다"라는 말보다, "여전히 부족합니다"라는 고백이 더 자연스러워집니다. 그리고 그 고백 속에서 사람은 처음으로, 하나님 앞에서 혼자가 아니라는 사실을 깊이 경험하게 됩니다. 연약함이 드러난 자리에서, 신앙은 가장 인간적인 모습으로, 가장 깊은 영성으로 남습니다.

머무름이 주는 신앙의 회복

신앙 안에서 우리는 오랫동안 말을 배워 왔습니다. 어떻게 기도해야 하는지, 어떤 표현이 옳은지, 어떤 고백이 믿음 있어 보이는지를 익혀 왔습니다. 그래서 신앙생활이 길어질수록, 하나님 앞에서조차 말이 먼저 나오고, 침묵은 점점 불편해집니다. 침묵은 비어 있는 시간처럼 느껴지고, 무언가를 하지 않으면 신앙이 멈춘 것 같은 불안이 생기기도 합니다. 기도는 대화라기보다 독백이 되고, 신앙은 관계라기보다 설명이 됩니다.

그러나 성경에서 중요한 장면들은 종종 침묵 속에서 일어납니다. 말이 끊어진 자리, 이해가 멈춘 순간, 더 이상 스스로를 정리할 수 없는 시간 속에서 하나님의 임재가 드러납니다. 욥은 고난의 이유를 알지 못한 채 오랫동안 침묵합니다. 친구들의 말은 많았지만, 하나님께서는 그 말들을 옳다고 하지 않으십니다. 오히려 욥이 더 이상 자신을 변호하지 못하고, 하나님 앞에서 말을 잃었을 때, 그때 비로소 하나님께서 나타나십니다(욥 38장). 말이 사라진 자리에서 관계가 다시 시작됩니다.

엘리야도 마찬가지입니다. 그는 하나님을 강풍이나 지진이나 불 속에서 찾았지만, 하나님께서는 거기 계시지 않았습니다. 그는 위대한 사건 속에서 하나님을 만나려 했지만, 하나님은 그의 기대와 다른 방식으로 다가오십니다. 결국 그는 "세미한 소리" 속에서 하나님을 만납니다(왕상 19:12). 그것은 큰 메시지도, 분명한 지시도 아니었습니다. 오히려 거의 들리지 않을 만큼 조용한 존재의 감각이었습니다. 하나님께서는 말씀을 통해서만 자신을 드러내지 않으시고, 침묵 속에서도 충분히 임재하십니다.

현대의 신앙생활은 너무 많은 말로 채워져 있습니다. 설교, 간증, 기도문, 묵상집, SNS 신앙 글들까지 우리는 끊임없이 신앙을 말하고 정리합니다. 무엇을 느꼈는지, 무엇을 깨달았는지, 무엇을 적용해야 하는지를 빠짐없이 기록하려 합니다. 그러나 그 말들 사이에서, 정작 하나님 앞에 아무 말 없이 머무는 시간은 점점 사라지고 있습니다. 설명은 많아지지만 체류는 줄어들고, 이해는 늘어나지만 존재는 얕아집니다. 그냥 있는 채로 서 있는 시간은 거의 없습니다.

어느 요양원에서 오랫동안 혼자 지내던 노인이 매주 예배 시간에 맨 앞자리에 앉아 계셨습니다. 그는 찬양도 따라 부르지 않았고, 설교에도 반응하지 않았습니다. 다만 예배 내내 눈을 감고 조용히 앉아 계실 뿐이었습니다. 누군가가 물었습니다. "예배가 이해되십니까?" 그는 잠시 생각하시더니 이렇게 대답했습니다. "잘 모르겠습니다. 그냥 여기 있으면 좋습니다." 그의 말은 신학적으로 이해되지 않았지만, 신앙적으로는 매우 정확한 고백처럼 들립니다. 이해하지 못해도 떠나지 않는 태도, 느끼지 못해도 머무르는 선택이었습니다.

침묵하는 신앙은 아무것도 하지 않는 신앙이 아닙니다. 오히려 가장 많은 것을 내려놓는 신앙이라고 볼 수 있습니다. 설명하려는 욕구, 이해하려는 태도, 증명하려는 마음을 잠시 멈추고, 하나님 앞에 그대로 머무는 선택입니다. 그 자리에 서면, 더 이상 잘 믿는 사람처럼 보일 필요도 없고, 무언가를 느껴야 할 의무도 사라집니다. 다만 존재하는 사람으로 서 있게 됩니다. 그 존재 자체가 이미 기도가 됩니다.

그때 신앙은 다시 단순해집니다. 말이 줄어들수록 마음은 오히려 또렷해집니다. 질문이 사라지는 것이 아니라 질문을 안고도 침묵할 수 있게 됩니다. 하나님을 이해하지 못해도 떠나지 않고, 아무 느낌이 없어도 머무는 태도. 침묵은 신앙의 공백이 아니라 신앙의 가장 깊은 언어입니다. 말보다 더 오래 남는 언어입니다.

　침묵하는 신앙의 회복은 신앙을 더 많이 말하는 것이 아니라 신앙 앞에서 더 적게 말하는 법을 배우는 일입니다. 하나님을 설명하는 사람이 아니라 하나님 앞에 서 있는 사람으로 돌아가는 길입니다. 그리고 그 조용한 자리에서 사람은 처음으로 신앙이 자신을 데려가야 할 마지막 장소가 아니라 이미 머무르고 있던 자리였음을 알아차리게 될 수 있습니다. 말없이 오래 머무를수록 신앙은 앞으로 가는 것이 아니라 깊어지는 것임을 조금씩 배우게 됩니다.

이미 서 있어야 할 자리

신앙은 결국 무엇을 하느냐의 문제가 아니라 누구 앞에 서 있느냐의 문제로 귀결됩니다. 얼마나 기도했는지, 얼마나 헌신했는지, 얼마나 성경을 알고 있는지는 중요할 수 있으나 그것들이 신앙의 본질을 대신할 수는 없습니다. 신앙의 가장 깊은 자리는 언제나 단순합니다. 나는 지금 하나님 앞에 서 있는가, 아니면 여전히 사람들 앞에 서 있는가라는 질문입니다.

성경에서 인간은 처음부터 하나님 앞에 서 있는 존재로 그려집니다. 아담과 하와는 숨기 전까지, 무엇을 하고 있는가보다 누구와 함께 있는가가 더 중요했습니다. 그들은 일하기 전에 이미 하나님과 함께 있었고, 설명하기 전에 이미 관계 안에 있었습니다. 그러나 죄 이후 인간은 하나님 앞에 서기보다 숨는 존재가 되었고, 존재보다 역할을 먼저 의식하게 되었습니다. 신앙은 그 숨은 자리를 다시 하나님 앞으로 되돌리는 이야기입니다.

시편 기자는 이렇게 고백합니다. "내가 생명이 있는

땅에서 여호와 앞에 행하리로다"(시 116:9). 이 고백은 어떤 특별한 행위를 말하는 것이 아닌 삶이 놓여 있는 위치를 말합니다. 하나님 앞에서 산다는 것은 무엇을 더 잘하겠다는 결심이 아니라 삶 전체를 어떤 시선 아래 두고 살아갈 것인가를 선택하는 태도입니다.

현대의 신앙인은 종종 하나님 앞보다 사람들 앞에 더 오래 서 있습니다. 평가받고, 비교되고, 해석되는 자리에서 자신을 구성합니다. 그 결과 신앙은 자연스럽게 설명의 언어가 되고, 증명의 태도가 되며 역할의 형태로 굳어집니다. 우리는 하나님을 믿는다고 말하지만, 실제 삶은 사람들의 시선 속에서 더 많이 이루어집니다.

그러나 십자가 앞에 서는 순간, 그 모든 구조는 조용히 해체됩니다. 거기에는 평가할 사람도 없고, 증명할 기준도 없습니다. 성공한 사람도 없고, 실패한 사람도 없습니다. 다만 용서가 필요한 사람, 사랑이 없으면 설 수 없는 사람만 남습니다. 십자가는 인간을 어떤 유형으로 분류하지 않습니다. 오직 "너는 누구인가"라는 질문만 남깁니다.

예수님께서는 제자들을 부르실 때 그들의 능력을 보지 않으셨습니다. 학력도, 경력도, 신앙 수준도 묻지 않으셨습니다. 다만 "나를 따르라"고 말씀하셨습니다. 그 부르심은 더 나은 사람이 되라는 명령이 아니라 다른 자리에 서라는 초대였습니다. 사람들 사이의 자리에서 벗어나, 하나님 앞에 서라는 초대였습니다.

하나님 앞에 서는 존재로 재구성된다는 것은, 삶이 갑자기 정리된다는 뜻이 아닙니다. 여전히 흔들리고, 여전히 부족하며, 여전히 모르는 것이 많습니다. 그러나 한 가지는 분명해집니다. 더 이상 자신을 증명하기 위해 살지 않게 된다는 점입니다. 잘 믿는 사람처럼 보이려 애쓰지 않고, 괜찮은 사람으로 남기 위해 연출하지 않으며, 설명하지 않아도 되는 존재로 살아가게 됩니다.

그때 신앙은 다시 가벼워집니다. 책임이 사라지는 것이 아니라 짐이 내려옵니다. 의무가 줄어드는 것이 아니라 두려움이 사라집니다. 하나님 앞에 서 있는 한 인간으로 충분하다는 감각, 그 감각 안에서 신앙은 처음으로 역할이 아니라 존재가 됩니다.

결국 말하고자 요지는 하나입니다. 신앙은 더 나은 인간이 되는 길이 아니라 하나님 앞에 서 있는 인간으로 돌아오는 길이라는 사실입니다. 무엇을 이루었는가보다 어디에 서 있는가가 더 중요합니다. 그리고 그 자리에서 우리는 신앙은 어디로 가는 여정이 아니라 이미 서 있었어야 할 자리로 되돌아오는 일이었다는 사실을 비로소 알게 됩니다. 그 깨달음 앞에서 인간은 더 이상 올라가려 하지 않고, 비로소 멈추어 서서 자신이 누구인지를 바라보게 됩니다.

보이지 않는 곳에서의 진실함

코로나 펜데믹 이후 교회의 가장 큰 변화 중 하나는 예배의 형태였습니다. 예배당에 모이지 못하게 되면서 많은 교회가 온라인 예배로 전환했고, 그것은 위기 속에서 불가피한 선택이었습니다. 화면을 통해서라도 말씀을 듣고 찬양을 부르며, 신앙의 끈을 놓지 않기 위한 최소한의 방식이었습니다. 처음에는 모두가 그 시간을 감사하게 받아들였습니다. 예배가 끊이지 않았다는 사실만으로도 충분히 의미가 있었습니다.

그러나 시간이 지나면서 온라인 예배는 임시적인 수단이 아닌 하나의 익숙한 방식이 되었습니다. 장소에 구애받지 않고 예배를 드릴 수 있었고, 이동할 필요도 없었으며 시간도 훨씬 유연해졌습니다. 출근 전에 틀어 놓고 듣거나 잠옷 차림으로 소파에 앉아 예배에 참여할 수 있게 되었습니다. 어떤 면에서는 신앙생활이 훨씬 편해졌고, 부담도 줄어들었습니다.

문제는 이러한 편리함이 지속되면서 예배의 성격 자

체가 조금씩 달라지기 시작했다는 점입니다. 예배는 '하나님 앞에 서는 자리'라기보다, '내가 선택해서 시청하는 콘텐츠'처럼 느껴지기 시작했습니다. 끄고 켤 수 있고, 빨리 감지 할 수 있으며, 집중이 안 되면 잠시 멈췄다가 다시 볼 수 있는 대상이 되었습니다. 예배는 참여라기보다 소비에 가까운 형태로 바뀌어 갔습니다.

현실에서도 이런 장면은 쉽게 발견됩니다. 예배 시간이지만 한쪽에서는 휴대폰을 보고 있고, 다른 한쪽에서는 커피를 마시며 화면을 켜 둡니다. 찬양이 흘러나와도 따라 부르지 않고, 기도 시간이 되어도 자세를 바꾸지 않습니다. 화면 속에서는 예배가 진행되지만, 공간 안에서는 일상의 흐름이 그대로 이어집니다. 예배는 삶을 멈추게 하기보다는 삶의 배경음처럼 흘러갑니다.

성경에서 예배는 언제나 몸의 이동을 전제로 합니다. "여호와의 집에 올라가자"(시 122:1), "모이기를 폐하는 어떤 사람들의 습관과 같이 하지 말고 오직 권하여 그 날이 가까움을 볼수록 더욱 그리하자"(히 10:25)라는 표현에는 공통된 의미가 담겨 있습니다.

예배는 마음만의 일이 아니라 몸이 어디로 향하는가의 문제였습니다. 예배는 정보를 전달받는 시간이 아니라 존재의 방향이 전환되는 사건이었습니다. 일상의 자리를 떠나 하나님 앞에 서는 자리로 이동하는 행위 자체가 이미 신앙의 고백이었습니다.

온라인 예배의 가장 큰 위험은 하나님 앞에 서 있다는 감각이 점점 사라진다는 데 있습니다. 예배를 드리고 있지만 실제로는 여전히 내 공간 안에 머물러 있고, 내 리듬 안에 있으며, 내 통제 안에 있습니다. 하나님 앞에 서기보다 하나님을 내 자리로 불러오는 방식이 됩니다. 예배는 초대라기보다 선택이 되고, 순종이라기보다 편의가 됩니다.

온라인 예배 자체가 잘못되었다는 말은 아닙니다. 그것은 분명 많은 사람에게 신앙의 끈을 이어 주었고, 지금도 여전히 필요한 방식입니다. 그러나 질문은 여기에 있습니다. 온라인 예배가 신앙을 살리고 있는지, 아니면 신앙을 더 편하게 만들고 있는지. 예배가 하나님 앞에 서게 하고 있는지, 아니면 하나님을 내 삶의 한 요소로 배치하고 있는지에 대한 질문입니다.

코로나 이후 많은 신앙인은 예배를 놓치지는 않았지만 동시에 예배의 무게도 함께 내려놓았습니다. 예배는 여전히 존재했지만 그 자리를 위해 무엇을 포기하고 있는지는 점점 흐려졌습니다. 몸을 옮기지 않아도 되고, 시간을 조정하지 않아도 되며, 불편을 감수하지 않아도 되는 예배는 어느새 나를 변화시키기보다 나에게 맞춰진 예배가 되었습니다.

여기서 던지는 질문은 단순합니다. 지금의 예배는 하나님을 중심으로 움직이고 있는지, 아니면 나를 중심으로 정렬되어 있는지. 화면 앞에 앉아 있지만 실제로는 여전히 내 자리에 머물러 있는지 예배를 드리고 있지만, 정말 하나님 앞에 서 있다고 말할 수 있는지에 대한 질문입니다.

온라인 예배 이후의 신앙은 기술의 문제가 아니라 자리의 문제입니다. 어디에 서 있는가, 누구 앞에 서 있는가, 그리고 그 자리를 위해 무엇을 내려놓고 있는가의 문제입니다. 예배는 형식이 아니라 위치입니다. 그리고 신앙은 결국 다시 그 자리로 돌아오는 일입니다. 하나님 앞에 몸과 마음과 시간을 함께 들고 서는 자리로 돌아가는 일입니다.

Part 7
사람의 시선에서 하나님의 시선으로

우리는 체면과 사람의 시선을 벗어던지고 하나님의 시선
안에 거하는 새로운 정체성을 발견합니다.
연약함조차 사랑하시는 주님의 환대 속에서, 신앙은 더
이상 나를 가리는 가면이 아니라 나를 그대로 드러내는
빛이 될 것입니다.

연약함조차 사랑하시는 주님

한국인의 삶에서 체면은 단순한 자존심이 아니라 관계 속에서 살아남기 위한 방식처럼 작동해 왔습니다. 사람은 혼자 설 수 없고, 공동체의 시선과 평가 속에서 자신을 유지해야 한다는 감각이 오래 축적되어 왔습니다. 그래서 체면은 '허영'이라기보다 '사회적 숨'에 가깝습니다. 숨이 막히지 않으려면, 사람은 적당히 보이고, 적당히 맞추고, 적당히 괜찮아 보여야 한다는 암묵적 규칙을 배웁니다.

이규태 선생이 한국 사회를 관찰할 때 자주 포착했던 것도 이 지점이었습니다. 체면은 개인의 내면에서 시작되는 감정이 아니라 타인의 눈길과 관계의 구조에서 생겨나는 질서라는 점입니다. 체면은 혼자 있을 때보다 사람들이 모일 때 더 강해집니다. 가족 안에서, 친척 모임에서, 직장에서, 동네에서, 교회에서 사람이 모이는 곳마다 체면은 '나'의 문제가 아니라 '우리'의 규칙으로 자리 잡습니다. 그래서 체면은 본래 '나를 높이려는 욕망'

이기보다 '나를 흠집 내지 않으려는 방어'로 나타날 때가 많습니다.

신앙이 이 구조 안으로 들어오면, 문제는 더 조용하고 더 깊어집니다. 교회는 원래 은혜의 공간이고 회복의 자리라고 말하지만, 실제로는 공동체가 있는 곳이기에 체면이 가장 빨리 작동하는 공간이 되기도 합니다. 사람들은 서로를 사랑하려 하지만, 동시에 서로의 눈치를 봅니다. 누가 어떤 표정을 짓는지, 누가 어떤 말을 하는지, 누가 어느 자리에 앉는지, 누가 어떤 직분을 가졌는지. 신앙의 언어가 오갈수록 체면은 더 신앙적인 옷을 입고 사람을 붙잡습니다.

체면이 신앙을 지배하기 시작하면, 신앙의 질문이 바뀝니다. '하나님 앞에서 나는 어떤 사람인가'를 묻기보다, '사람들이 보기엔 나는 어떤 신앙인인가'를 먼저 확인합니다. 회개가 먼저 오기보다 이미지가 먼저 오고, 기도가 먼저 오기보다 표현이 먼저 오고, 하나님께 드리는 마음이 먼저 오기보다 사람에게 남길 인상이 먼저 옵니다. 그때 신앙은 관계가 아니라 관리가 됩니다. 하나님을 향해 서기보다 사람들의 시선 속에서 균형을 잡는 기술이 됩니다.

이 구조는 여러 형태로 드러납니다. 예배당에서 울고

싶어도 참게 됩니다. 무너지고 싶어도 정리된 얼굴로 돌아서게 됩니다. 아프다고 말하기보다 "괜찮습니다"를 먼저 말하게 됩니다. 혹시라도 약해 보일까, 혹시라도 믿음 없는 사람처럼 보일까, 혹시라도 '문제 있는 사람'으로 분류될까 하는 두려움이 앞섭니다. 체면은 누군가를 공격하지 않습니다. 오히려 사람을 조용히 단단하게 만들고, 단단해진 사람은 더 이상 자기 마음을 말하지 않습니다. 그 침묵은 경건처럼 보이지만, 실은 두려움의 다른 이름일 때가 많습니다.

이규태 선생의 관찰을 빌리면, 체면은 종종 도덕처럼 작동하기도 합니다. 무엇이 옳은가보다 무엇이 '보기 좋은가'가 먼저 판단 기준이 됩니다. 그래서 사람은 실제로 더 나아지기보다 더 흠이 없어 보이는 쪽을 선택합니다. 실질보다 형식이 앞서고, 진실보다 격식이 앞서며, 내용보다 모양이 앞섭니다. 신앙도 비슷해집니다. 마음이 하나님께 가기보다, 모양이 신앙인답게 유지되는 쪽으로 기울어집니다. 예배의 자세, 말의 톤, 봉사의 목록, 직분의 이름이 신앙의 실체를 대신합니다.

체면이 믿음을 대신하는 순간, 회개는 가장 먼저 약해집니다. 회개는 본래 하나님 앞에서 무너지는 사건이지만, 체면의 사람은 무너짐 자체를 견디지 못합니다. 그는 죄를 모르는 사람이 아닙니다. 다만 죄를 말할 때조차 '체면을 잃지 않는 방식'을 찾습니다. "제가 부족합니다"라고 말하지만, 그 부족함은 언제나 안전한 범위로 정리됩니다. "실수했습니다"라고 말하지만, 그 실수는 치명적이지 않은 방향으로 다듬어집니다. 회개의 언어는 남아 있지만 회개의 자리로 내려가는 길은 점점 막힙니다. 왜냐하면 체면은 용서받을 사람으로 서기보다 괜찮은 사람으로 남는 쪽을 선택하게 하기 때문입니다.

이때 공동체 안에서 체면은 더 강해집니다. 신앙 공동체는 서로를 세운다고 말하지만, 동시에 서로를 평가하는 구조가 생기기 쉽습니다. 누가 더 열심인지, 누가 더 성숙한지, 누가 더 모범인지, 누가 더 헌신적인지 그 평가는 대개 말로 공격하지 않지만, 분위기로 사람을 옥죄기도 합니다. 사람은 스스로를 보호하기 위해 더 안전한 얼굴을 만듭니다. 질문을 줄이고, 감정을 숨기고, 약점을 감춥니다. 결국 공동체는 더 조용해지지만, 그 조용함이 반드시 깊음은 아닙니다. 체면이 유지되는 만큼, 진실이 사라질 수 있습니다.

체면의 신앙은 하나님을 향하는 듯 보이지만, 실제로는 사람들의 시선과 기대를 향해 움직이는 경우가 많습니다. 그래서 신앙의 동력도 바뀝니다. 은혜가 동력이기보다 불안이 동력이 됩니다. 사랑이 동력이기보다 체면이 동력이 됩니다. '하나님이 기뻐하실까'보다 '사람들이 어떻게 볼까'가 먼저 떠오릅니다. 그때 신앙은 더 이상 자유를 주지 못합니다. 신앙이 나를 살리는 것이 아니라 신앙이 나를 단정하게 묶어 두는 구조가 됩니다.

여기서 중요한 질문이 하나 생깁니다. 체면을 내려놓으면 무례해지는가라는 질문입니다. 그러나 체면을 벗기는 일은 예의를 버리는 일이 아닙니다. 오히려 진짜 예의를 회복하는 길이기도 합니다. 예의는 상대를 배려하는 태도이지만 체면은 종종 자신을 보호하기 위해 상대와의 거리를 유지하는 장치가 되기도 합니다.

체면이 강해질수록 관계는 안전해 보이지만, 깊어지지 않습니다. 반대로 체면이 조금 내려가면, 사람은 처음으로 자신의 상태를 말하고, 서로의 상처를 다룰 수 있는 공간이 열립니다. 그때 공동체는 '보기 좋은 공동체'가 아니라 '살아 있는 공동체'로 가까워집니다.

이 지점에서 코람데오(Coram Deo)가 결정적으로 들어옵니다. 코람데오는 '하나님 앞에서'라는 삶의 태도입니다. 이 말은 단지 경건한 표어가 아니라 체면의 구조를 근본에서 뒤집는 선언입니다. 체면은 사람 앞에서 서는 기술이고, 코람데오는 하나님 앞에서 서는 존재 방식입니다. 사람 앞에서의 신앙은 결국 '보이는 나'를 유지하려 하지만 하나님 앞에서의 신앙은 '드러난 나'를 받아들이는 쪽으로 움직입니다. 코람데오의 자리에서는 신앙이 더 이상 이미지로 유지되지 않습니다. 하나님 앞에서이미 다 보이기 때문입니다. 감출 필요가 줄어들고, 연출의 필요가 사라지며, 설명의 욕구가 약해집니다.

그래서 코람데오의 신앙은 체면의 신앙을 무너뜨립니다. 잘 믿는 사람의 얼굴이 아니라 용서가 필요한 사람의 얼굴로 서게 하기 때문입니다. 사람들에게는 부끄러울 수 있는 고백이 하나님 앞에서는 오히려 시작이 됩니다. "저는 모르겠습니다." "저는 두렵습니다." "저는 무너졌습니다." 이 문장들은 체면의 사람에게는 위험한 말이지만, 하나님 앞에서는 가장 정직한 문장입니다. 그 정직함이 회개를 열고, 회개가 은혜를 열고, 은혜가 다시 자유를 엽니다.

체면으로 살아온 신앙을 벗기는 길은 거창한 결단이 아니라 위치의 이동입니다. 사람들 앞에서의 자리에서 하나님 앞에서의 자리로 옮기는 일입니다. 누가 나를 어떻게 볼지를 붙잡는 대신, 하나님이 나를 어떻게 보고 계신지를 다시 믿는 일입니다. 체면은 나를 안전하게 보이게 만들지만, 코람데오는 나를 안전하게 붙들어 주는 분 앞에 세웁니다. 사람 앞에서 지키던 신앙은 늘 긴장이 남지만, 하나님 앞에 서는 신앙은 긴장 속에서도 숨을 돌릴 틈을 남깁니다.

체면은 관계를 지키려는 본능처럼 시작되지만 신앙 안에서는 그 체면이 하나님과의 관계를 가로막을 수 있습니다. 그래서 체면을 내려놓는다는 것은 품위를 버리는 일이 아니라 하나님 앞에서 진실을 회복하는 일입니다. 코람데오의 자리에서 신앙은 다시 살아납니다. 보기 좋은 신앙이 아니라 하나님 앞에서 숨지 않는 신앙, 그 신앙이 비로소 사람들 앞에서도 덜 가식적이고, 덜 공격적이며, 덜 불안한 모습으로 남습니다. 하나님 앞에서 이미 드러난 사람은 사람들 앞에서 굳이 자신을 지킬 필요가 줄어들기 때문입니다.

주님의 눈동자 안에 거하기

한국 사회에서 체면은 단순한 자존심이 아니라 시선에 대한 감각입니다. 『한국인의 체면의식』에서 체면을 "자기 자신이 아니라 타인의 눈 속에 비친 자기 모습"이라고 설명합니다. 체면이란 내가 누구인가의 문제가 아니라 남이 나를 어떻게 보고 있는가의 문제라는 것입니다. 그래서 체면은 내면의 확신이 아니라 외부의 평가에 의해 유지됩니다.

이 구조는 신앙 안에서도 거의 그대로 반복됩니다. 나는 하나님 앞에서 어떤 사람인가보다, 교회 안에서 어떤 사람으로 보이는지가 더 중요해집니다. 예배에 빠지지 않는 사람, 기도를 많이 하는 사람, 말이 조심스러운 사람, 신앙적인 언어에 익숙한 사람. 이런 이미지들이 쌓이면 사람은 점점 스스로를 '나는 그래도 괜찮은 신앙인이야.'라고 인식합니다.

그러나 이 인식은 하나님을 기준으로 만들어진 것이 아니라 공동체의 시선을 기준으로 만들어진 자기 이미지입니다. 나는 하나님을 향해 살고 있다고 생각하지만, 실제로는 사람들의 눈을 향해 더 많이 움직이고 있습니다. 무엇을 믿는가보다 어떻게 보이는가가 더 중요해집니다.

이규태 선생은 한국인의 체면 구조를 설명하며, 중요한 특징 하나를 지적합니다. 체면 사회에서는 잘못보다 노출이 더 큰 문제가 된다는 점입니다. 잘못 자체보다, 그것이 드러났느냐 안 드러났느냐가 더 중요해집니다. 그래서 사람은 죄를 짓지 않으려 하기보다, 죄처럼 보이지 않으려 애씁니다. 실패하지 않으려 하기보다, 실패한 사람처럼 보이지 않으려 합니다.

이 논리는 신앙 안에서도 매우 익숙합니다. 나는 넘어지지 않으려 하기보다, 넘어졌다는 사실이 드러나지 않도록 관리합니다. 흔들리지 않으려 하기보다, 흔들리는 모습을 감춥니다. 신앙이 약해질까 두려운 것이 아니라 약한 신앙인으로 보일까 두려운 마음이 더 큽니다.

그래서 신앙은 점점 고백이 아니라 연출이 됩니다. 하나님께 무엇을 말하느냐보다, 사람들 앞에서 무엇을 말해야 할지가 먼저 떠오릅니다. 기도는 하나님을 향한 말이 아니라 공동체 안에서 유지해야 할 언어가 됩니다. 신앙은 하나님과의 관계라기보다, 공동체 안에서 유지해야 할 이미지가 됩니다.

문제는 이 구조 안에서는 회개가 거의 불가능해진다는 점입니다. 회개는 자신이 어떤 사람인지를 드러내는 사건인데, 체면은 그 드러남 자체를 두려워하는 구조이기 때문입니다. 체면의 신앙에서는 잘못을 고백해도, 늘 안전한 수준까지만 말합니다. 치명적인 고백은 하지 않고, 이미지가 무너지지 않는 선까지만 털어놓습니다. 그래서 회개처럼 보이는 말은 많아지지만, 실제로 삶이 무너지는 경험은 점점 사라집니다.

시선에 길들여진 신앙은 결국 하나님보다 사람들의 눈을 더 두려워하는 신앙입니다. 나는 하나님 앞에서 자유로운 존재가 아니라 늘 관찰당하고 평가받는 존재처럼 살아갑니다. 그래서 신앙은 해방이 아니라 긴장이 되고, 관계가 아니라 관리가 됩니다.

그러나 성경에서 하나님은 언제나 사람을 사람들 앞이 아니라 자기 앞에 세우시는 분입니다. 아브라함도, 모세도, 다윗도, 베드로도, 하나님은 그들을 공개적인 무대보다 은밀한 자리로 먼저 데려가셨습니다. 사람들의 시선이 사라진 자리, 변명할 언어가 없는 자리, 자기 자신을 더 이상 연출할 수 없는 자리에서 하나님은 사람을 다시 부르셨습니다.

시선에서 벗어나지 못한 신앙은 늘 피곤합니다. 잘하고 있어야 하고, 흔들리면 안 되고, 모르면 안 되고, 약해 보이면 안 됩니다. 그러나 하나님 앞에 서는 신앙은 다릅니다.

잘하지 못해도 설 수 있고, 흔들려도 버려지지 않으며, 모른다고 말해도 관계가 끊어지지 않는 자리입니다. 체면의 신앙은 나를 사람들 앞에 세우지만 하나님 앞의 신앙은 나를 있는 그대로 드러나게 합니다. 그때 비로소 신앙은 이미지 관리가 아니라 존재의 회복이 됩니다.

당당하게 고백하는 믿음

서구 사회가 죄책감을 중심으로 윤리를 구성한다면, 한국 사회는 부끄러움을 중심으로 인간관계를 구성해 왔다는 것입니다. 중요한 것은 내가 옳은가가 아니라 부끄럽지 않은가 입니다. 잘못을 저질렀는지 보다, 그것이 창피하게 드러났는지가 더 큰 문제로 인식됩니다.

이 감정 구조는 신앙 안에서도 그대로 작동합니다. 나는 죄를 지을까 두려운 것이 아니라 죄인처럼 보일까 두려워합니다. 믿음이 흔들릴까 무서운 것이 아니라 흔들리는 사람으로 보일까를 더 걱정합니다. 그래서 신앙의 기준은 점점 양심이 아니라 체면이 됩니다. 하나님 앞에서 부끄러운가보다, 사람들 앞에서 민망한가가 더 중요해집니다.

이규태 선생은 체면 사회에서 부끄러움이 단순한 감정이 아니라 사회적 생존의 감각이라고 말합니다. 부끄럽다는 것은 단지 창피하다는 뜻이 아니라 공동체 안에서 설 자리를 잃는다는 두려움입니다. 그래서 사람은 자신의 내면보다, 외부의 반응에 훨씬 더 민감해집니다. 무엇이 옳은지 보다, 어떻게 보일지를 먼저 계산합니다. 이 구조 안에서 신앙은 점점 자기 성찰이 아니라 자기 보호가 됩니다.

나는 하나님 앞에서 나를 돌아보기보다, 사람들 앞에서 나를 방어합니다. 잘못을 인정하기보다, 상황을 설명하고, 책임을 지기보다 오해를 줄이려 애씁니다. 신앙은 나를 드러내는 언어가 아니라 나를 숨기는 언어가 됩니다. 그래서 체면의 신앙에서는 죄보다 부끄러움이 더 무거운 감정이 됩니다. 죄는 하나님과의 관계 문제이지만, 부끄러움은 사람들과의 위치 문제이기 때문입니다. 죄를 지어도 들키지 않으면 괜찮고, 잘못을 해도 이미지가 유지되면 넘어갈 수 있습니다. 반대로 큰 죄가 아니어도, 체면이 무너지면 그것은 회복하기 어려운 상처가 됩니다.

이 논리는 회개를 거의 불가능하게 만듭니다. 회개는 자신의 약함을 드러내는 일인데, 체면은 바로 그 드러남을 가장 두려워하기 때문입니다. 체면의 신앙에서는 하나님 앞에서 울기보다, 사람들 앞에서 무너지지 않으려 애씁니다. 그래서 사람은 차라리 조용히 멀어질지언정, 솔직하게 무너지는 자리에 서지 않으려 합니다.

그러나 부끄러움을 피하려다보면 결국 자기 자신에게서 멀어지게 됩니다. 사람은 남의 눈을 의식할수록 자기 감정을 잃고, 자기 상태를 느끼지 못하게 됩니다. 체면은 나를 보호하는 것처럼 보이지만 실제로는 나를 나에게서 떼어 놓게 만들어 버립니다.

신앙에서도 이 현상은 똑같이 나타납니다. 부끄러움을 피하려다, 나는 점점 하나님 앞에서 솔직해지지 못합니다. 약함을 인정하지 못하고, 질문을 드러내지 못하며, 흔들림을 고백하지 못합니다. 신앙은 깊어지기보다 단단해지고, 살아 있기보다 굳어집니다.

그러나 성경에서 회개는 부끄러움을 감추는 행위가 아니라 부끄러움을 통과하는 사건입니다. 다윗은 죄를 지은 후, 사람들 앞에서 왕의 체면을 지키려 하지 않았습니다. 그는 "내 죄가 항상 내 앞에 있나이다"(시 51:3)라고 말하며, 자신의 수치를 하나님 앞에 그대로 내놓습니다. 그는 부끄러움을 제거하려 하지 않고, 부끄러움 속으로 들어가 하나님을 찾았습니다.

부끄러움을 두려워하는 믿음은 사람을 하나님에게서 멀어지게 하지만 부끄러움을 통과하는 믿음은 사람을 다시 하나님 앞으로 데려옵니다. 체면의 신앙은 나를 사람들 앞에 세우고, 회개의 신앙은 나를 하나님 앞에 세웁니다.

그때 신앙은 더 이상 부끄러움을 피하는 기술이 아니라 부끄러움 속에서도 관계를 잃지 않는 용기가 됩니다. 그리고 그 용기 속에서 사람은 처음으로 체면이 아니라 은혜로 서 있는 자신을 만나게 됩니다.

그리스도 안의 새로운 정체성

체면 의식이 가장 깊어지는 지점은, 그것이 단순한 사회적 태도를 넘어 자기 정체성으로 굳어질 때입니다. 처음에는 남을 의식하는 마음이었지만, 시간이 지나면 그 시선이 곧 자기 자신이 됩니다. 사람의 눈을 통해 자신을 바라보는 일이 반복되면, 어느 순간부터는 스스로를 보는 방식마저 타인의 기준을 따라가게 됩니다. 나는 누구인가를 묻기 전에, 사람들에게 어떻게 보이는가가 먼저 기준이 됩니다. 체면은 더 이상 관계를 위한 장치가 아니라 나 자신을 규정하는 틀이 됩니다. 살아 있는 존재가 아니라 관리해야 할 이미지로 자신을 인식하게 되는 순간입니다.

그래서 체면이 강한 사람일수록 자신을 설명할 때도 늘 외부 기준을 사용합니다. 무엇을 느끼는지가 아니라 어떻게 평가받는지를 말합니다. 마음이 어떤 상태인지보다, 이 모습이 괜찮아 보이는지가 더 중요해집니다. 사람은 자신의 감정보다 타인의 반응을 먼저 읽고, 자기 내면보다 사회적 표정을 더 빠르게 조정합니다. 결국 사람은 자기감정을 살기보다, 자기 이미지를 관리하며 살아가게 됩니다. 삶은 바쁘게 움직이지만, 정작 그 안에 있는 나는 점점 사라집니다.

이 구조가 무서운 이유는, 체면이 나를 보호하는 것처럼 보이지만 실제로는 나를 감추는 역할을 하기 때문입니다. 상처를 드러내면 체면이 무너질까 두렵고, 약함을 인정하면 내가 사라질 것처럼 느껴집니다. 그래서 사람은 점점 진짜 자신을 말하지 못하고, 보여도 되는 부분만 살아갑니다. 웃을 수 있는 감정만 표현하고, 설명 가능한 생각만 꺼내 놓습니다. 삶은 이어지지만, 존재는 점점 얇아집니다. 관계는 많아지지만 정작 연결은 깊어지지 않습니다.

신앙 안에서도 이 현상은 거의 동일하게 나타납니다. 하나님 앞에서조차 나는 어떤 사람인가보다, 어떤 신앙인처럼 보이는가를 더 신경 씁니다. 믿음이 흔들릴 때조차 그것을 고백하기보다, 흔들리지 않는 사람처럼 행동합니다. 기도는 관계가 아니라 이미지 유지의 수단이 되고, 신앙은 하나님을 향한 삶이 아니라 신앙적인 나를 연출하는 무대가 됩니다. 하나님 앞에서도 사람은 자신을 숨기고, 하나님께 보여줄 얼굴을 따로 준비합니다.

신앙은 점점 고백이 아니라 연기가 됩니다.

체면이 곧 나라는 착각 속에 살면, 회개도 점점 사라집니다. 잘못을 인정하면 이미지가 무너지기 때문입니다. 대신 사람은 설명을 선택합니다. "그럴 수밖에 없었습니다." "상황이 어려웠습니다." "나도 어쩔 수 없었습니다." 말은 많아지지만, 마음은 하나님 앞에 내려오지 않습니다. 신앙은 깊어지기보다 단단해지고, 단단해질수록 더 이상 흔들리지 않는 사람이 됩니다. 그러나 그 단단함은 성숙이 아니라 방어에 가깝습니다. 무너지지 않기 위해 세운 벽이 곧 자기 자신이 됩니다.

그러나 성경이 말하는 인간은 애초에 체면으로 서는 존재가 아닙니다. 하나님 앞에 선 인간은 언제나 벗겨진 존재입니다. 숨길 수 없는 존재, 설명할 수 없는 존재, 다만 불려 나온 존재입니다. 아담과 하와가 가장 먼저 경험한 것은 성공이 아니라 벌거벗음이었고, 하나님 앞에서의 첫 반응은 성취가 아니라 두려움이었습니다. 코람데오, 곧 하나님 앞에서 산다는 말은, 잘 보이는 삶을 살라는 뜻이 아니라 더 이상 숨지 않아도 되는 삶으로 들어오라는 초대입니다. 하나님 앞에서는 잘 보일 필요가 없기 때문입니다.

체면이 곧 나라는 착각이 무너질 때, 비로소 신앙은

다시 시작됩니다. 내가 어떤 사람처럼 보이는가가 아니라 내가 누구 앞에 서 있는가가 기준이 됩니다. 사람들 앞에서 유지하던 얼굴을 내려놓고, 하나님 앞에서 처음으로 자기 자신으로 서는 순간입니다. 그때 신앙은 더 이상 나를 꾸미는 장치가 아니라 나를 드러내는 빛이 됩니다.

나를 보호하던 이미지가 무너질 때, 비로소 나라는 존재가 살아납니다. 그리고 그 빛 앞에서 사람은 처음으로 체면이 아니라 존재로 살아가기 시작합니다. 그때 비로소 정체성은 성과가 아니라 관계에서 다시 형성되며, 그리스도 안에서 나는 더 이상 연출되는 사람이 아니라 불려진 사람으로 살아가게 됩니다.

있는 모습 그대로 환대받는 삶

체면의식이 무너지는 마지막 지점은 더 이상 누구에게 보일 삶을 살지 않아도 되는 자리입니다. 사람들 앞에서는 늘 설명이 필요하고, 변명이 필요하며, 스스로를 관리해야 합니다. 그 설명과 변명은 자신을 보호하는 장치처럼 보이지만, 동시에 자신을 계속 증명해야 하는 부담이기도 합니다. 그러나 하나님 앞에서는 그 모든 장치가 의미를 잃습니다. 하나님은 나를 평가하시는 분이 아니라 이미 알고 계신 분이기 때문입니다. 나보다 나를 더 잘 아시는 분 앞에서는 숨기려는 시도 자체가 의미를 잃습니다.

사람들 앞에서의 삶은 언제나 연출의 구조를 가집니다. 어떤 말은 해야 하고, 어떤 말은 삼켜야 하며, 어떤 모습은 보여도 되고, 어떤 모습은 숨겨야 합니다. 체면은 그 기준을 정해 줍니다. 이 정도까지는 괜찮고, 이 선을 넘으면 안 된다는 감각. 그래서 우리는 하루 종일 타인의 시선을 의식하며 자신을 조정합니다. 말투를 고르고, 감정을 조절하고, 이미지를 계산하며 살아갑니다. 살아가는 시간이 곧 무대가 되고, 존재는 점점 역할이 됩니다.

그러나 하나님 앞에 서는 순간, 그 구조는 더 이상 작동하지 않습니다. 숨기려 해도 숨길 수 없고, 꾸미려 해도 꾸밀 수 없습니다. 무엇을 말하느냐보다, 이미 어떤 존재인가가 먼저 드러나기 때문입니다. 하나님 앞에서는 설명이 신앙이 되지 않고, 태도가 믿음이 되지 않으며, 체면이 경건이 되지 않습니다. 남는 것은 단 하나, 내가 누구인가라는 사실뿐입니다. 더 정확히 말하면, 내가 어떤 상태로 하나님 앞에 서 있는가라는 사실입니다.

코람데오의 신앙은 바로 이 지점에서 완성됩니다. 하나님 앞에서 산다는 것은, 사람들 앞에서 잘 보이는 삶을 하나님께 가져오는 것이 아니라 사람들 앞에서 유지하던 얼굴을 하나님 앞에서 내려놓는 삶입니다. 성공한 나도, 실패한 나도, 괜찮아 보이는 나도, 무너진 나도 모두 같은 자리로 들어옵니다. 성취의 크기나 실패의 깊이가 그 자리를 나누지 않습니다. 더 이상 평가받는 존재가 아니라 불려온 존재로 서는 자리입니다. 이유 없이 불려졌다는 사실이, 신앙의 가장 깊은 근거가 됩니다.

이때 신앙은 처음으로 쉬어집니다. 잘 보여야 할 대상

이 사라지고, 지켜야 할 이미지가 무너지고, 증명해야 할 이유가 사라지기 때문입니다. 하나님 앞에서는 체면이 신앙의 조건이 되지 않습니다. 오히려 체면이 사라질수록 신앙은 더 깊어집니다. 내가 어떤 사람처럼 보이는가가 아니라 내가 누구로 존재하는가가 중심이 됩니다. 존재 자체가 이미 환대받고 있다는 사실을 받아들이는 순간, 사람은 처음으로 자신을 놓아줍니다.

체면으로 살아온 신앙의 끝은 성취가 아니라 귀환입니다. 잘 살아낸 나로 하나님 앞에 서는 것이 아니라 숨지 않아도 되는 나로 돌아오는 일입니다. 사람들 앞에서는 끝까지 벗지 못했던 가면을, 하나님 앞에서는 내려놓을 수 있는 자리. 더 이상 설명하지 않아도 되고, 정리하지 않아도 되며, 괜찮은 사람처럼 보이지 않아도 되는 자리입니다. 그 자리에서 신앙은 더 이상 연출이 아니라 존재가 됩니다. 그리고 사람은 비로소 체면이 아니라 진짜 자신으로 하나님 앞에 서게 됩니다. 있는 모습 그대로 환대받는 삶은, 더 잘 사는 삶이 아니라 더 숨지 않는 삶으로 들어가는 길입니다.

하나님께 바라보이는 삶

우리는 살아가며 끊임없이 누군가의 시선 속에 자신을 놓습니다. 어떻게 보일지, 어떻게 평가받을지, 어떤 이미지로 기억될지를 의식하며 하루를 보냅니다. 사람의 시선은 때로 힘이 되지만, 동시에 우리를 긴장하게 만듭니다. 인정받는 순간에는 안도하지만, 그 인정이 사라질까 두려워 다시 자신을 점검하게 됩니다. 그 시선 앞에서 사람은 자신을 보호하기 위해 감정을 조절하고, 말을 고르며 모습을 관리하는 법을 배웁니다. 그렇게 익숙해진 삶의 방식은 어느새 신앙의 영역까지 스며듭니다. 우리는 모르는 사이에 하나님보다 사람의 눈을 더 먼저 계산하는 사람이 됩니다.

신앙 안에서도 우리는 쉽게 사람의 눈을 먼저 의식합니다. 어떻게 기도해야 신앙적으로 들리는지, 어떤 고백이 공동체 안에서 안전한지 어떤 모습이 믿음이 좋은 사람처럼 보이는지를 먼저 생각합니다. 하나님 앞에 서 있다고 말하지만 실제로는 사람들 앞에 서 있는 감각이 더 익숙합니다. 그래서 기도는 점점 대화라기보다 발표에 가까워지고, 고백은 진실이라기보다 적절한 문장으로 정리됩니다. 마음은 하나님께 말하고 싶은데, 입은 사람들에게 들려주고 싶은 말을 고릅니다. 신앙은 점점 관계가 아니라 표현의 기술이 됩니다.

그러나 성경이 말하는 신앙의 핵심은 '보는 것'보다 '보여지는 것'에 있습니다. 하나님을 바라보는 신앙이 아니라 하나님께 바라보이는 삶입니다. 우리는 하나님을 얼마나 열심히 바라보았는지를 기준으로 신앙을 판단하지만, 성경은 하나님 앞에 어떻게 서 있었는지를 더 중요하게 말합니다. 하나님은 우리가 어떤 모습으로 유지되고 있는지를 보시기보다, 어떤 마음으로 서 있는지를 보십니다. 다윗이 선택된 이유는 그의 능력이 아니라 중심이었고, 예수께서 사람들을 부르실 때도 완성된 사람보다 있는 모습 그대로의 사람들을 부르셨습니다. 준비된 사람보다 불려진 사람을 선택하셨습니다.

하나님께 바라보인다는 것은 자기 연출을 멈추는 일입니다. 설명하지 않아도, 설득하지 않아도, 증명하지 않아도 되는 자리로 들어가는 것입니다. 그 자리에서 사람은 더 이상 자신을 방어할 필요가 없습니다. 평가받지 않아도 되고, 오해받지 않기 위해 애쓰지 않아도 됩니다. 연약함을 숨기지 않아도 되고, 흔들림을 감추지 않아도 됩니다. 오히려 그 연약함 자체가 하나님의 시선 안에서는 거절의 이유가 아니라 사랑의 통로가 됩니다. 하나님께서는 우리가 강해진 뒤에 보시는 분이 아니라, 약한 채로 서 있는 우리를 먼저 보시는 분입니다.

우리는 종종 사랑받기 위해 먼저 괜찮아져야 한다고 생각합니다. 믿음이 더 자라야 하고, 삶이 더 안정되어야 하며, 감정이 더 정리되어야 하나님 앞에 설 수 있다고 여깁니다. 그래서 신앙은 늘 미래형이 됩니다. 지금은 부족하고, 언젠가는 괜찮아질 것이라는 전제 속에서 자신을 유예합니다. 그러나 복음은 그 반대의 방향을 보여줍니다. 하나님은 우리가 괜찮아진 뒤에 사랑하시는 분이 아니라, 괜찮지 않은 상태 그대로를 사랑하시는 분입니다. 그 사랑 앞에서 사람은 비로소 자기 자신을 받아들이는 법을 배우게 됩니다. 받아들여졌기 때문에 변하는 것이지, 변했기 때문에 받아들여지는 것이 아닙니다.

하나님께 바라보이는 삶은 특별한 용기를 요구하지 않습니다. 다만 도망치지 않는 태도를 요구합니다. 스스로를 꾸미지 않고, 부족함을 포장하지 않으며 있는 모습 그대로 하나님 앞에 머무는 선택입니다. 숨지 않고 서 있는 시간, 아무 말도 하지 않아도 떠나지 않는 태도,

그것이 하나님께 바라보이는 삶의 실제입니다. 그 선택이 반복될수록 사람은 점점 사람의 시선에서 자유로워지고, 하나님의 시선 안에서 안정됩니다. 평가의 기준이 바뀌는 순간, 삶의 중심도 함께 이동합니다.

그 자리에서 신앙은 경쟁이 아니라 안식이 되고, 비교가 아니라 환대가 됩니다. 더 잘 보이기 위해 애쓰는 삶에서, 그냥 바라보이는 삶으로 방향이 바뀝니다. 사람의 눈을 의식하며 살던 삶에서 하나님의 눈 안에 거하는 삶으로 중심이 이동합니다. 그리고 그 시선 속에서 사람은 더 이상 증명해야 할 존재가 아니라 이미 받아들여진 존재로 살아가기 시작합니다. 있는 모습 그대로 환대받는 삶은 결국 하나님께 바라보이는 자리에서 시작됩니다. 그 자리에서 신앙은 더 이상 보여주는 삶이 아니라 보여짐 속에 머무는 삶이 됩니다.

하나님이 원하시는 신앙

이 책을 마무리하며 저는 다시 한번 본질적인 질문 앞에 섭니다. 지난 여정 동안 우리는 신앙이라는 이름 뒤에 숨겨진 수많은 가면을 들여다보았습니다. 때로는 종교적 언어라는 안전한 성벽 뒤로 숨고, 때로는 경건한 자아라는 껍질로 스스로를 포장하며, 정작 하나님 앞에서는 '나 자신'이 아닌 '내가 만든 신앙의 이미지'만을 내보여왔던 것은 아닌지 정직하게 돌아보게 됩니다.

성경을 깊이 묵상하며 발견한 놀라운 사실은, 하나님께서 언제나 신앙보다 '사람'을 먼저 찾으셨다는 점입니다. 하나님은 아브라함에게 완벽한 제물을 요구하시기 전에 아브라함이라는 한 존재를 부르셨고, 모세에게 거창한 사명을 맡기시기 전에 그의 이름을 먼저 부르셨으며, 제자들에게 능력을 요구하시기에 앞서 "나를 따르라"는 초대를 먼저 건네셨습니다. 하나님은 단 한 번도

'잘 믿는 사람'을 찾으신 적이 없습니다. 그분은 항상 '그 냥 그 사람'을 찾으셨을 뿐입니다.

우리가 이 책을 통해 시도했던 모든 해체와 벗김, 그리고 고통스러운 침묵과 연약함의 고백은 결국 단 하나의 질문으로 수렴됩니다. "나는 신앙이라는 구조물 뒤에 숨어 하나님을 관조하고 있는가, 아니면 하나님 앞에 발가벗겨진 단독자로 서 있는가?" 신앙이 하나님께 나아가는 통로가 아니라 나를 방어하는 요새가 될 때, 우리는 비로소 종교적 자아의 감옥에 갇히게 됩니다.

이제 책장을 덮는 여러분께 감히 권면하고 싶습니다. 십자가 앞에 서면 우리가 드릴 수 있는 것은 그리 많지 않습니다. 화려하게 포장된 설명도, 스스로를 증명하려는 당당한 태도도 십자가 앞에서는 모두 힘을 잃습니다. 그 자리에는 오직 사랑받고 싶어 하는 한 인간, 하나님의 용서 없이는 단 한 순간도 설 수 없는 연약한 존재만 남게 됩니다. 그러나 바로 그 비참하고도 가난한 자리에서 우리는 비로소 깨닫게 됩니다. 하나님은 나의 완벽한 신앙을 원하신 것이 아니라 바로 '나 자신'을 원하셨다는 사실을 말입니다.

잘 믿는 나도 아니고, 처참하게 실패한 나도 아닌 그 모든 굴곡을 포함한 나 자신을 있는 그대로 받아들이시

는 그분의 눈동자를 확인하십시오. 신앙은 더 나은 사람
이 되기 위한 처절한 여정이 아닌 이미 우리를 있는 그
대로 환대하시는 하나님의 품으로 돌아오는 안식입니
다. 이제 꾸며진 경건의 옷을 미련 없이 벗어 던지고, 가
면 뒤에 숨어 있던 정직한 얼굴로 그분과 마주하십시오.
그 정직한 대면이야말로 우리 신앙이 도달해야 할 가장
아름다운 종착지이자 새로운 시작입니다.

참고 도서

강대용, 『구약의 세계』, 대한기독교서회, 1998.

김회권, 『창세기, 인간의 탄생』, 복있는사람, 2013.

로버트 알터, 『성서 서사의 기술』(김선영 옮김), 한길사, 2005.

리사 크론, 『뇌가 좋아하는 스토리텔링』(박지훈 옮김), 청림출판, 2015.

리처드 로어, 『보편적 그리스도』(정다운 옮김), 복있는사람, 2020.

마크 스미스, 『고대 이스라엘의 하나님』(김정우 옮김), CLC, 2006.

몰트만, 위르겐, 『예수 그리스도의 길』(김균진 옮김), 대한기독교서회, 1997.

스티븐 그린블랫, 『아담과 이브』(이종인 옮김), 민음사, 2018.

앨리스 바흐, 『히브리 성경 속의 여성들』(김경진 옮김), 새물결플러스, 2009.

앤드류 머레이, 『기도의 학교』(이상훈 옮김), 생명의말
　　　씀사, 2004.
이규태, 『한국인의 체면의식』, 신원문화사, 1982.
이규태, 『한국인의 자화상』, 신원문화사, 1990.
로버트 맥키, 『스토리』(고영범 옮김), 민음사, 2008.

ⓒ문암출판사

신앙의 본질을 찾아가는 여정

1판 1쇄 2026. 2. 20.

지은이 Ⅰ 염성철

펴낸곳 Ⅰ 문암출판사
펴낸이 Ⅰ 염성철

출판등록 Ⅰ 제2021-000079호
펴낸 곳 Ⅰ 경기도 고양특례시 일산서구 산현로 92번길 42
출판부 Ⅰ 031-911-1137

blog Ⅰ naver.com/bookrock53
E-mail Ⅰ bookrock53@naver.com

ISBN Ⅰ 979-11-994283-8-6 (03230)